暨南文库·新闻传播学
JINAN Series in Journalism & Communication

编 委 会

暨南文库·新闻传播学 ❶

JINAN Series in Journalism & Communication

话语·叙事·伦理
当代广告与网络传播的审思和批判

杨先顺 等著

暨南大学出版社

JINAN UNIVERSITY PRESS

中国·广州

图书在版编目（CIP）数据

话语·叙事·伦理：当代广告与网络传播的审思和批判/杨先顺等著. —广州：暨南大学出版社，2019.12
（暨南文库. 新闻传播学）
ISBN 978 - 7 - 5668 - 2793 - 7

Ⅰ.①话… Ⅱ.①杨… Ⅲ.①广告—计算机网络—传播学—研究
Ⅳ.①F713.80

中国版本图书馆 CIP 数据核字（2019）第 271289 号

话语·叙事·伦理：当代广告与网络传播的审思和批判
HUAYU XUSHI LUNLI：DANGDAI GUANGGAO YU WANGLUO CHUANBO
DE SHENSI HE PIPAN
著　者：杨先顺　等

出 版 人：徐义雄
项目统筹：黄圣英
责任编辑：雷晓琪　姜琴月
责任校对：黄　颖　傅　迪
责任印制：汤慧君　周一丹

出版发行：暨南大学出版社（510630）
电　　话：总编室（8620）85221601
　　　　　营销部（8620）85225284　85228291　85228292（邮购）
传　　真：（8620）85221583（办公室）　85223774（营销部）
网　　址：http：//www.jnupress.com
排　　版：广州尚文数码科技有限公司
印　　刷：广州市快美印务有限公司
开　　本：787mm×1092mm　1/16
印　　张：12.25
字　　数：211 千
版　　次：2019 年 12 月第 1 版
印　　次：2019 年 12 月第 1 次
定　　价：50.00 元

瞭 望 者

J

总　序

……

如果从口语传播追溯起，新闻传播的历史至少与人类的历史一样久远。古人"尝恨天下无书以广新闻"，这大约是中国新闻传播活动走向制度化的一次比较早的觉醒。

消息、传闻、故事、新闻、报道，乃至愈来愈切近的信息、传播、大数据，它们或者与人们的生活特别相关、比较相关、不那么相关、一点也不相干，或者被视为一道道桥上的风景、一缕缕窗边的闲情抑或一粒粒天际的尘埃，转眼消失在风里。微观地看，除了极少数的场景外，新闻多一点还是少一点，未必会造成实质性的差别；本质地看，人类作为社会性的动物，莫不以社会交往，包括新闻传播的存在和丰富化为前提。

这也恰好是新闻传播生存样态的一种写照——人人心中有，大多笔下无。它的作用机制和内在规律究竟为何，它的边界究竟如何界定，每每人见人殊。要而言之，新闻传播学界其实永远不乏至为坚定、至为执着的务求寻根问底的一群人。

因此人们经常欣喜于新闻传播学啼声的清脆、交流的隽永，以及辩驳诘难的偶尔露峥嵘。重要的也许不是发现本身，而是有越来越多的研究者参与其中，或披荆斩棘，或整理修葺。走的人多了，便有了豁然开朗。倘若去粗取精，总会雁过留声；倘若去伪存真，总会人过留名。

走的人多了，我们就要成为真正的学术共同体，不囿于门户之见，又不息于学术的竞争。走的人多了，我们也要不避于小心地求证、深邃地思考，学而不思则罔。走的人多了，我们还要努力站在前人、今人的肩膀上，站得更高一些，看得更远一些。

这里的"我们"，所指的首先是暨南大学的新闻传播学人。自1946年起，创系先贤、中国第一位新闻学博士、毕业于德国慕尼黑大学的冯列山先生，以及上海《新闻报》总经理詹文浒先生等以启山林，至今弦歌不辍。求学问道的同好相互砥砺，相互激发，始有本文库的问世。

"我们"，也是沧海之一粟。小我终究要融入大我，我们的心血结晶不仅要接受全国同一学科学术共同体的检验，还要接受来自新闻、视听、广告、舆情、公共传播、跨文化传播等领域的更多读者的批评。重要的不完全是结果，更多的是过程。在这一过程中我们特别关注以下剖面：

第一，特定经验与全球视野的结合。文库的选题有时是从一斑窥起，主要目标仍然是研究中国全豹，当然，我们也偶或关注印度豹、非洲豹和美洲豹。在全球化时代，我们的研究总体会自觉不自觉地增添一些国际元素。

第二，理论思辨与贴近现实的结合。犹太谚语云"人类一思考，上帝就发笑"，或许指的是人力有时而穷，另外一种解释是万一我们脱离现实太远，也有可能会堕入五里雾中。理论联系实际，不仅是哲学的或革命的词句，也是科学的进路。

第三，新闻传播与科学技术的结合。作为一个极具公共性的学术领域，新闻传播的工具属于拿来主义的为多。而今，更是越来越频繁地跨界，直指5G、云计算、人工智能等自然科学的地盘。虽然并非试图攻城拔寨，但是新兴媒体始终是交叉学科的前沿地带之一。

归根结底，伟大的时代是投鞭击鼓的出卷人，我们是新闻传播学某一个年级某一个班级的以勤补拙的答卷人，广大的同行们、读者们是挑剔犀利的阅卷人。我们期望更多的人加入我们，我们期望为知识的积累和进步贡献绵薄的力量，我们期望不辜负于这一前所未有的气势磅礴的新时代！

编委会

2019 年 12 月

前　言

……　……

随着信息革命和数字化、智能化时代的到来，人类信息的传播方式发生了天翻地覆的变化，广告传播也产生了深刻的变革。1994 年，世界上第一个网络广告诞生于美国，中国也于 1997 年出现了首个网络广告。如今传统的广告已升级为数字营销传播，而中国在此领域的丰富性、实用性和延展性已经超越了美国。业界的迅猛发展引发了学界的高度关注，其研究路径有如下三种：一是对行业发展现状和趋势进行定性的研究，旨在从宏观上进行经验总结或理论概括，但迄今为止还鲜有重大的理论突破；二是对该领域的具体问题进行定量的研究，其特点是细致入微，但失之于对整体的把握；三是从批判的视角反思业界发展存在的问题和隐忧，特别是对人的发展、对社会和文化的发展带来的挑战（如伦理的困境等），这一路径以往的方式是宏观的思辨和批判，但随着话语分析理论的诞生，研究方式也呈现出新的变化，即从微观的话语切入，见微知著，分析话语所隐含的权力机制、社会变迁、文化意蕴，乃至伦理价值。本书采用的主要是第三种研究路径的后一种方式。

本书精选了笔者自 2005 年以来在国内一些重要期刊（CSSCI 期刊或核心期刊）上独立发表或与合作者共同发表的论文，并对其中部分过时的内容进行了更新和完善，研究内容相对集中于当代广告和网络传播。虽有十几年的时间跨度，但贯穿于这些研究的主线是：话语—叙事—伦理。其主要特色是：首先，在国内较早运用话语分析的理论和方法，探讨了广告话语的内在机制和符号逻辑，进行了广告话语的叙事分析和文化批判；其次，对网络传播（含网络广告）中出现的新的伦理问题进行了深入的理论反思，并提出了解决这些伦理问题、开展伦理治理的建议，特别是关于网络传播的道德哲学审思和网络传播的后现代伦理审思，已上升到哲学的层面和后现代文化的层面，产生了较大的学术影响力。上述研究也奠定了作者于 2019 年申报并获得立项的国家社科基金一般项目"大数据营销传播的伦理治理体系研究"的基础。

未来已来，世界在变：技术在变，观念在变；营销在变，传播在变；媒体在变，市场在变；学术研究也要与时俱进，因变而变。但不变的，应该是对学术的敬畏、执着和热爱。

感谢暨南大学出版社和新闻与传播学院的大力支持！感谢研究合作者的齐心协力和辛勤付出！感谢同事们的热心鼓励和学术启发！感谢家人的细心关爱和默默帮助！

杨先顺

2019 年 8 月

话语·叙事·伦理：当代广告与网络传播的审思和批判

001　总　序

001　前　言

001　第一章　广告话语的内在机制

002　第一节　广告话语分析：一种广告本体研究理论

010　第二节　广告话语的权力运作：受众意识形态潜操控

020　第三节　互文性与广告话语的生产

028　第四节　广告话语传播与理解中的互文性

035　第二章　广告话语的文化批判

036　第一节　被凝视的女权奇观

　　　　　——后现代视野中的女权广告话语

046　第二节　技术异化中的人性残缺

　　　　　——对当前网络广告的追问与反思

053　第三节　争议广告的话语分析

061　第四节　房地产广告的炫富现象探析

069　第三章　广告话语的符号逻辑

070　第一节　广告话语中三音节颜色词的符号传播探析

076　第二节　网络流行语模因分析及其对广告语言创作的启示

087　第三节　奢侈品品牌符号价值生产的深层动因与形成机制

099　第四章　广告话语的叙事分析

100　第一节　叙事话语分析作为广告批评路径的背景、意义和问题

107　第二节　港台电视广告的后现代叙事话语

115　第五章　广告传播的伦理探析

116　第一节　朋友圈广告的伦理审视

129　第二节　微信朋友圈用户的伦理关系失范现象探析

　　　　　　——基于生态伦理视野的分析

140　第三节　互联网语境下噱头式广告的伦理探析

149　第六章　网络传播的伦理审思

150　第一节　网络传播的道德哲学审思

160　第二节　网络传播的后现代伦理审思

169　第三节　微博传播部落化：后现代伦理的视角

176　第四节　网络传播主体后现代伦理行为动机及其感知风险研究

第一章

广告话语的内在机制

…… ……

第一节 广告话语分析：一种广告本体研究理论

回顾 20 世纪广告理论的发展轨迹，由于其长期在市场营销学的学科范畴内发展以及对广告工具性特征的历史性认识，广告理论研究带有很强的市场功利色彩。这在一定程度上导致广告学在 20 世纪 70 年代被导入传播学理论的时候，更多地体现在对传统学派（经验学派）的关照上。广告自系统理论中的五大组成部分——广告主体理论、广告受众与消费者理论、广告信息处理理论（诉求、创意与表现）、广告媒体理论和广告效果理论正是从拉斯韦尔的 5W 模式援引而来的，广告学所采取的也是传统学派的定量研究方法（内容分析法、社会心理试验法、社会统计调查等）。然而，"广告及广告理论的发展，需要批评的驱动"①，而且广告对社会生活的全面介入和对社会文化造成的深刻影响，都需要我们从理论的层面予以反思。对信息做"内容分析仍只是对大量数据的量化描述，一旦要更详细地探讨大众媒体信息的意义、结构或影响，我们就需要复杂得多的多学科话语研究理论和方法"②。发轫于结构主义语言学、符号学、人类学、社会学、心理学的话语分析，作为一种在人文社会学科中被普遍采用的研究方法，被广泛运用到传播学批判学派的研究当中，并且成为最主要的研究方法之一。因此，基于传播学批判学派的视角和研究方法，对广告现象进行系统的分析和深入的学理阐释，正是广告学理论体系平衡发展的客观需要。以下，本节将引入话语分析的理论和研究方法，尝试对广告学的批判研究理论体系进行建构。

一、话语分析：具有理论基础和研究方法的双重地位

话语（discourse）作为当今社会人文科学领域用语，有两种含义：在严格

---

① 张金海：《20 世纪广告传播理论研究》，武汉：武汉大学出版社，2002 年，第 205 页。
② ［荷］托伊恩·A. 梵·迪克著，曾庆香译：《作为话语的新闻》，北京：华夏出版社，2003 年，序。

的语言学意义上，它通常指大于句子的完整的语言交际单位，常与"text"（语篇）互换，而 text 在文学理论中则指"文本"（或"本文"）；而在语言学之外的社会人文科学领域中，它指的是人类交际和传播活动所产生和使用的一套"符号"——主要是词语、范畴、命题和概念系统。话语分析（discourse analysis）作为一门从语言学发展起来的交叉学科和一种跨学科的方法论，顾名思义就是对话语进行分析，从开始语言学领域的话语连贯衔接分析、话语结构语法分析，到后来社会语言学的社会交际语用分析，再到后来结合符号学、人类学、社会学、认知心理学的话语深层意义分析、文化语境分析以及社会认知分析，话语分析的研究范畴正不断扩展，理论体系不断完善，理论成果也层出不穷。正如当代著名话语分析学家 Van Dijk（梵·迪克）所说的："话语分析不仅要了解话语的表达层，还要深入到意义和动作层，考察语言的功能以及语言使用者的编码和解码过程，注意社会文化语境和认知的作用。"①

　　20 世纪 90 年代以来，社会人文科学之间的界限正逐步淡化，社会理论中出现了一种"语言转向"，即把语言看作社会现象中的中心角色。话语分析的成果被广泛应用到人类文化学、社会学、心理语言学、传播学和跨文化交际等诸多研究领域，因此，话语分析理论在社会人文科学研究中还具有普遍的方法论地位。它"既是一种应用理论，又是一种研究方法。……就传播学而言，话语分析主要适用于批判学派的研究"②。作为传播学批判学派分支研究之一的广告社会文化批判，是通过研究和揭示广告传播符号运行的社会逻辑以及社会深层意涵，进而探讨广告传播对社会、文化等造成的影响和后果。话语分析对其体系建构具有理论基础和研究方法的双重地位。我们把这个交叉的研究领域称为"广告话语分析"。作为一种崭新的广告社会文化批判理论，广告话语分析的目的就是对广告话语的性质、结构、意义、传播和功能提出系统的理论观点和分析方法。

二、作为话语的广告：广告话语的定义和特征

　　把广告定义为一种话语类型，是在广义的话语概念范畴内进行的，即把广

---

　　① 〔美〕詹姆斯·保罗·吉：《话语分析入门：理论与方法》（英文版），上海：外语教育与研究出版社，2000 年，第 11、14 页。

　　② 李彬：《符号透视：传播内容的本体诠释》，上海：复旦大学出版社，2003 年，第 288、290、332 页。

告话语理解为广告传播活动中所产生和使用的一整套"符号"：包括广告文本和语境，它们以一种对参与者来说是有意义的和具有整体性的方式互相联系和产生作用。广告文本包括文字（或台词）、音乐和图片。广告的语境因素包括广告材质（承载和传送广告文本的物质材料）、超语言（伴随着广告语言的有意义的行为方式，例如音色、姿势、面部表情和说话风格以及字体和字号的选择）、情境（参与者能察觉到的上下文中的对象和人物的性质与关系）、关联文本（参与者认为其属于广告以外的另一话语，但会与该文本联系起来考虑并且对他们的理解产生影响）以及参与者因素（他们的意图和理解、知识和信仰、人际观、社会关系和情感，每个要素既是话语的一部分也是话语的考察因素，参与者通常被表述为传递者、发信者、收信者和接受者）等。

广告作为一种话语类型，具有以下几个显著的特征：

1. 广告话语的多重符号性

福柯认为话语是从符号的整体产生出来的东西，符号性是话语的本质属性。广告话语由多重符号系统构成，此命题含义有三：广告话语的物化形式主要有赖于各种语言符号和非语言符号（音乐和视觉形象）；广告话语大部分涉及多重符号意指系统，具有深层的社会意涵；广告话语必然要受"句法"的约束，这里的"句法"不仅涵盖了传统语言学意义上的"句法"，更包括历史、社会和文化领域的"话语规则"。

2. 广告话语的社会性

话语的最初含义指"对话"，一切说话和写作都是社会性的。广告话语的社会性表现在以下三个方面。第一，广告话语本身就是社会行动，它不仅表达意义，而且其本身就是社会互动过程的一部分，即通过互动交流建立起具有共同意义的广告象征符号。第二，广告话语是社会关系，更是一种权力关系。强大的资本为广告提供了付费言说的机会。广告话语以资本为支撑，是资本在话语权方面的表现；同时，它还展示社会互动关系之中的权力运作，因为它可以影响话语受者将来的行动，因此广告话语不仅是沟通的手段，而且也是资本权力关系的一种工具或媒介。第三，广告话语构建和表达社会位置与距离。广告话语有助于"社会身份"、"自我"、社会"主体"的"主体地位"、人与人之间的社会关系的构建和知识价值体系的建设。因此，社会是广告的传递者、接受者、话语以及情境。

3. 广告话语的寄生性和伪装性

广告话语是一种受到边缘关注的话语，其首要目的是引起受众的注意。为了达成此目的，广告话语必须植根或寄生于其他受到中心关注的话语类型——例如新闻、娱乐节目，并且通过利用这些话语类型的表达手段，达到模仿权威声音的目的。这也是广告话语经常受到批评和责难的原因之一。广告不是新闻，不是教育，也不是娱乐，尽管它们常常扮演这些角色。

4. 广告话语规则的不稳定性

广告话语是一种"永不静止"的话语类型，它遵循革新的原则，因此导致很多规则一旦建立就已过时。这些明显的变化不仅出现在素材、环境、模式和超语言这些"较低"的层次，而且出现在文本结构和话语深层意涵这些"较高"的层次。广告话语的这种迅速而持续的革新的特征，正是受到内在力量、社会变革以及它们所寄生的话语类型的变更的驱动。广告话语没有自己的声音（虽然这并不意味着它们是客观的），是因为它们是周围变化不定的声音的混合体，并且经常进行颠覆性变更和重新组合。从同时态上看，广告话语有太多的例外；从历时态上看，广告话语的规则处于连续改变的不稳定状态。

5. 广告话语传播渠道（媒介）的多元性

话语类型的重要性以及如何让受众分辨出它们，与传播渠道（媒介）有很大的关系。"在口头表达中，语言是大声说出来的还是唱出来的，是通过卫星向成千上万的电视荧屏播放的还是通过告解室的格栅在黑暗中向另一个人低语，都对话语类型的辨认有影响。在书写中，信息是用铅笔草草书写的还是压印在黄金上的，是打印出来的还是闪烁在巨型霓虹灯上的，都会对话语类型和社会效果产生影响。"[①] 广告话语是一种大众传播与目标传播相结合的媒介话语，具有公共话语和私人话语的特征。作为公共话语，广告批量生产、多次拷贝、强势传播；作为私人话语，广告锁定特定的消费群体，并且运用多种直达目标的传播媒介。在这个多媒体交际的时代，广告话语在传播渠道（媒介）上必然具有多元化的特征，对广告话语的分析也必然是跨媒体的话语分析。

概言之，广告话语是在一定的传播语境中形成并且运用的一套由各种子系统组成的多层次的动态的网络符号系统，寄生性、伪装性以及永恒的革新性是其基本特征。通过多种渠道（媒介）的传播和社会互动交流，广告话语产生具

---

① COOK G. The discourse of advertising. London and New York：Routledge，2001：5.

有社会普遍意义的深层意涵和象征价值，并对社会文化和社会关系产生深远的影响。

三、广告话语分析理论的框架体系：四个研究层面

广告话语分析理论作为一种整合性的研究构想，主要是从"话语"这一视角切入，在同一个理论和方法的框架内对广告话语进行综合分析，既考察广告话语/文本的局部连贯，也考察其总体连贯；既考察其形式问题，也考察其寓意问题；既从语言结构方面进行分析，也从认知、社会文化和批评方面进行分析。梵·迪克认为话语包括"三个主要方面，它们是句子形式、意义和言语行为"[①]。具体到广告话语分析的理论构建，我们认为广告话语分析包括四个主要方面：广告话语的结构体系（从微观到宏观）、广告话语的意义系统（从指示意义到隐喻意义）、广告话语的生产传播（从人际互动到大众传播）以及广告话语的社会功能（从社会认知构建角度到批判角度）。下面，我们将分别阐述这个理论框架内四个研究层面的主要问题：

1. *广告话语的结构体系*

这一部分主要从"表达面"，即从形式上对广告话语进行分析，从局部到整体依次有四个考察维度：素材、结构、连贯和风格。广告话语的素材包括文本素材（音乐、图片、台词与文字）和语境素材（材质、情境、超语言、关联文本等），通过对这些素材的特征和表现规律进行分析，为广告话语的结构分析进行铺垫。由于广告话语的素材广泛涉及语言以外的众多领域，特别是视觉形象和音乐元素，因而除了语言学理论外，还要借鉴部门符号学（如电影符号学、音乐符号学）的理论成果。广告话语的结构分析主要是找出规则，如素材的选择和组合规则、连贯性或叙事结构的规则。日本符号学家池上嘉彦认为："'本文'是产生于'句法单位'的更高层次的复合单位。由于'句法单位'本身已经是'符号'的复合单位了，所以'本文'单位是从复合体本身产生出来的复合体。而且在创造出这种复合体的符号体系中，可以设想除规定了'符号'排列的句法规定外，还存在着由此而产生的规定'句法单位'的排列的更高一层

[①] ［荷］托伊恩·A. 梵·迪克著，曾庆香译：《作为话语的新闻》，北京：华夏出版社，2003 年，第 28 页。

次的句法规定（'本文句法学'）。"① 因此我们把广告话语看成一系列按照一定顺序排列的"句子"或"篇章"，分析话语中的语言成分和非语言成分，这些成分的顺序以及它们如何构成更大的结构等。这里可以借鉴荷兰语言学家梵·迪克在对新闻话语分析时所采取的"微观结构"和"宏观结构"等概念和工具。广告话语的连贯分析主要是考察词、短语以及句子在语境中的连接，考察创造出广告文本凝聚力的语言特征，而与之密切相关的是语言学中关于衔接手段的研究以及语境、会话分析、图式理论、类型理论等。梵·迪克把话语的风格定义为"说话人的社会特征和说话场合中社会文化的具体特征的显现形式或标志"②，通俗地说就是用不同的方式表达相同的意义。由于广告话语要模仿或者迎合目标受众的话语风格，因此广告话语的风格研究主要考察基于不同广告目标受众的年龄、性别、社会地位、所属社会阶层和民族背景等社会因素的不同语言使用形式，描述和评估广告话语的相似性。

2. 广告话语的意义系统

克莉斯特娃认为文本研究不应止于对语言形式规则的描述，而应深入研究文本意指实践所产生的超过通信话语规则的"附增部分"。因此这一部分主要从"内容面"，也就是意义层面对广告话语进行剖析。广告话语的意义从结构层次的角度可分为微观的字词意义以及宏观的文本意义，从表里的角度可分为直接指示意义和间接隐喻意义。"从符号体系的'语言'来看，越是从'符号'（词）的层次向'句法单位'（句）以至'本文'层次升格，其代码的约束力就越低。而且与此成正比，'主体'的活动余地越是扩展。"③ 特别是在广告这种革新性很强、规则变动性很大的话语中，话语意义的不确定性非常大，因此结合语境因素和参与者的认知因素对广告话语的宏观意旨进行分析就显得非常重要。另外，隐喻意义的存在在广告话语里面是一种很普遍的现象，而且这种隐喻和意指系统可能涉及多个层次。在这个方面，认知语言学里乔治·莱考夫（G. Lakoff）和马克·约翰逊（M. Johnson）、安德鲁·奥托尼（A. Ortony）提出的隐喻理论，丹·斯珀波（D. Sperber）和迪埃珏·威尔逊（D. Wilson）

---

① ［日］池上嘉彦著，张晓云译：《符号学入门》，北京：国际文化出版公司，1985 年，第 111 页。

② ［荷］托伊恩·A. 梵·迪克著，曾庆香译：《作为话语的新闻》，北京：华夏出版社，2003 年，第 74 页。

③ ［日］池上嘉彦著，张晓云译：《符号学入门》，北京：国际文化出版公司，1985 年，第 123 页。

提出的关联理论与吉尔斯·福柯尼耶（G. Fauconnier）提出的心理空间映射理论都有很重要的指导意义。隐喻理论深刻地揭示了人类如何通过使用各种语言表达方式建构话语世界并实现会话意图的互动过程，这对于分析包含各种隐喻的话语具有直接的指导意义。关联理论在如何建立话语内部的连贯以及如何通过推理来掌握讲话者的真实意图方面发挥了举世公认的作用。而心理空间这个概念的提出以及不同心理空间之间通过映射整合成为一个新的话语视角的相关阐述，无疑为广告话语的正确理解提供了一个有效的认识途径。另外，就话语间语境和历史语境问题，研究广告话语的意义潜势也是分析的一部分，根据互文性理论，一个广告话语的意义会受到其他广告话语的影响。

3. 广告话语的生产传播

传播所研究的，正是处于社会流转中的意义。因此，广告话语传播流通问题其实就是对前一部分所讨论的广告话语意义问题的深入，即在社会大传播环境下，考察广告话语历经大众传播、群体传播和人际互动交流，其表达形式的演变过程，其意义的传递、融合、变化和积淀的过程。社会心理学里的"群体动力""群体压力""社会认同"等概念和理论，传播学里的"人际互动""意见领袖""两级传播"等理论范畴将被引入广告话语分析的理论研究当中，从而使广告话语的意义分析从一个静态的单向的维度转向一个动态的多向互动的机体。另外，在这一部分我们还将考察广告话语传播中参与者的因素：传播者、叙述者（表演者）、受众、考察者等在广告话语的传播过程中扮演的角色和所起的作用。尤其对广告机构、广告创作者的社会身份、文化背景以及广告创作流程的分析，将有助于我们更真实地了解广告话语的生产机制。

4. 广告话语的社会功能

话语受语境影响，同时也影响、建立或改变语境，广告话语的超语言语境就是整个社会。在这一部分我们所探讨广告话语的社会功能和影响正是建立在前面三部分研究的基础上，同时也正是广告话语分析的理论旨归。总的来说，广告话语的社会功能和影响有两个主要的研究角度：构建视角和批判视角。"话语不仅反映和描述社会实体与社会关系，话语还构造或'构成'社会实体与社会关系。"① 前者促进了社会个体对社会现实的理解和认识，后者则导致"仿真

---

① ［英］诺曼·费尔克拉夫著，殷晓蓉译：《话语与社会变迁》，北京：华夏出版社，2003 年，第 3 页。

世界"和"媒介现实"的产生。在《话语分析入门：理论与方法》里面，詹姆斯·保罗·吉提出话语的六项构建任务，即符号构建、世界构建、行为构建、社会—文化身份和关系构建、政治构建以及连接构建。这些构建任务使人们同时创建六种现实，即符号、物质世界的意义与价值、活动、身份与关系、政治以及联系。人们在接收和使用广告话语传递信息的同时，还在进行一种社会活动，就是接受或创造一种有特定含义的视角，从而确定自己的社会身份和态度。广告话语的构建过程和社会个体自觉或不自觉地融入广告话语体系的过程，正是两个互为因果的循环，也是个人社会化过程的一部分，这就是从构建的视角对广告话语社会功能和影响的主要考察内容。批判视角的广告话语分析着眼于社会结构的宏观层面，也就是广告话语对社会体系中权力与资源的分配的影响。它侧重考虑两大问题：广告话语中的表达是如何反映出放送者和接收者之间的权力关系的，广告话语又是怎样通过控制而被用来维持或制造社会不平等的。费尔克拉夫提出的"批判的语言意识"就是指"更加意识到构成它的社会力量和利益；更加意识到介入其中的权力关系和意识形态；更加意识到它对社会身份、社会关系、知识和信仰的影响；更加意识到话语在文化和社会的变化过程中的作用（包括话语的技术化）"①。要把广告话语分析理论研究引向深入，必然要具备这种批判意识。在话语和权力的论述方面，福柯作出了杰出的贡献，他认为"由于'权力'暗中压制，话语名为表意系统，往往却变成'强加于事物的暴力'"②。这对于反思广告话语对社会的强迫性影响和对受众的意识与潜意识控制提供了有力的批判武器。另外，巴赫金和阿尔杜塞关于话语与意识形态的研究，鲍德里亚对于消费社会的符号逻辑和"媒介仿真"的论述，还有文化工业、跨文化交际中的文化霸权理论以及后现代主义文化理论，都将给予广告话语分析丰富的理论涵养，并且将其引入更为广阔的学术视野之中。

　　［本节作者：杨先顺、谷虹。原文发表于《暨南学报》（哲学社会科学版）2007 年第 5 期］

---

　　①　［英］诺曼·费尔克拉夫著，殷晓蓉译：《话语与社会变迁》，北京：华夏出版社，2003 年，序。

　　②　赵一凡：《哈佛读书札记：福柯的话语理论》，《读书》1994 年第 5 期，第 111 页。

第二节 广告话语的权力运作：受众意识形态潜操控

广告话语包含了意识形态和社会权力关系的印记，它通过建立商品与社会间的符号关系来塑造社会意象，描述社会主体及社会关系。作为社会互动过程的一个组成部分，广告话语不仅作为一种生产商品符号的指意实践，进行意义的表达和认知的确认，而且作为一种意识形态的实践，建构、维持和改变权力关系。近年来虽有一些学者已关注到广告中的意识形态，但对广告中意识形态的作用过程和权力运作尚缺乏深入研究，本节将以此为重点进行尝试性的探讨。

一、意识形态的介入与权力的诞生

有关意识形态的探讨是阿尔都塞最有影响力的理论，他的理论渊源主要来自马克思的意识形态理论。马克思的意识形态概念有两种含义，一是"否定的或虚假的意识形态"，"马克思把意识形态看作为一种虚假的、'颠倒的'意识，是脱离社会现实的对现实的一种虚幻的反映，它产生于一种颠倒了的世界"；二是"意识形态的中性理解——观念的上层建筑"，"意识形态被看作是基于一定的经济基础（社会地位）而形成的思想观点"。[①] 而阿尔都塞则给出了如下的解释："意识形态是具有独特逻辑和独特结构的表象（形象、神话、观念或概念）体系，它在特定的社会中历史地存在，并作为历史而起作用。"[②]

在广告中，意识形态主要在两个层面被建构到话语实践。第一个是广告文本层面。批判语言学有关意识形态的文本观强调，文本不是既定的客观存在，而是由加工过程中使用的词汇、句子、背景、结构等构成意义的一部分。文本的形式和内容承载着意识形态的结构和过程，而意识形态不可能被直接读出来，

[①] 徐彦伟：《否定与中性：马克思意识形态概念的文本考察》，《求索》2009 年第 7 期，第 11 - 12 页。

[②] ［法］路易·阿尔都塞著，顾良译：《保卫马克思》，北京：商务印书馆，1984 年，第 201 页。

因此第二个是"话语结构"层面的意识形态建构。"话语结构"是佩奇尤科斯从福柯那里借用来的一个概念，是指"这样一种东西，它在一个特定的意识形态结构中……，决定'能够说什么，应该说什么'"①。一个特定话语结构含有的意义取决于"它与话语间领域的其他话语的关系"，而建立和表达话语结构间关系和范围的就是话语秩序，费尔克拉夫把它定义为"一个机构或一个社会内的话语实践整体，以及他们之间的关系"②。不但广告机构内部有其自身的话语秩序，而且每个单独的广告话语结构体内部也存在类似的秩序。广告话语的语境是整个社会，某一广告话语形式的意义会受到其他广告话语的影响，需要借以更大的表述单位生产意义，比如通过"自然化"的表征策略，界定什么是应该的、正确的，从而将异己排除在外；比如在某种情况下，一些人比其他人更有权力谈论一个话题；比如规定使用某种特定的言语方式，从而约束其他的言谈方式等。传统意义上的权力是指对对象的合法占有，它一方面意味着对占有者的合法认可，一方面意味着对占有者以外的任何人介入占有状态的合法阻止。③广告话语暗含类似的权力关系印记，意义渗透于各种权力关系之中，话语与权力最终联结。

二、意识形态的作用过程与权力运作

荷兰语言学家梵·迪克（又译为冯·戴伊克）认为"意识形态是以群体为单位的，建构连贯的共知的框架"，"优势群体的意识形态监控社会再现的产生、模型的形成、群体成员的行动和话语生产，以便维护并再生统治受支配群体的权威和霸权"。④而话语作为意识形态的载体，对意识形态进行传播，并试图让受众接受。就广告话语来说，广告制作者在进行文本的创造时，能够事先划分出目标群体、非目标群体及潜在群体，从而在不同的话语类型之中作出选择。

---

① ［英］诺曼·费尔克拉夫著，殷晓蓉译：《话语与社会变迁》，北京：华夏出版社，2003 年，第 30 页。

② ［英］诺曼·费尔克拉夫著，殷晓蓉译：《话语与社会变迁》，北京：华夏出版社，2003 年，第 41 页。

③ 葛卉：《话语权力理论与 90 年代后中国文论的转型》，华东师范大学博士学位论文，2007 年，第 1 页。

④ ［荷］冯·戴伊克著，旭施、冰冯译：《话语　心理　社会》，北京：中华书局，1993 年，第 226 页。

福柯曾提出话语权力的思想，他认为，话语不是一个简单的名词或范畴，而与政治实践领域的权力紧密相关。"话语权力即言说者对话语因素如语言或言语的合法占有。"① 广告话语不是语言及规则的简单组合，而是权力关系运作的产物。广告话语的生产、组织、传播，都受到一定意识形态的控制和操纵，正如福柯所说的，"由于'权力'暗中压制，话语名为表意系统，往往却变成'强加于事物的暴力'"②。广告话语在特定的情景和结构中，受到诸多话语实践领域的因素的制约，包括能够说什么、由谁来说、在什么场合说、对谁说等，其中的权力关系体现在施控群体（如政治、经济和文化资本，及其代言者广告商）的控制行为和受支配群体的反抗行为之中。

（一）权力的施控

权力的施控过程在广告话语中多体现为隐含的思维干涉，广告商必须通过对消费者行为的观察和解释获得他们的期望、需求，将特定的意识形态的控制植入他们的信念和价值观体系中，使权力获得认可并得以维持，广告话语服从于预设的意识形态框架。20世纪60年代广告传播中著名的"独特的销售主张"（USP理论），重在发掘产品唯一的、独特的卖点，形成差异化信息诉求，使消费者能够于大量的信息中选择性注意并产生认知兴趣。认知是消费者通过感官对外部刺激物所获得的直观形象的反映。认知理论表明，人在认知过程中经历的是一个心理选择的过程，受众的选择性因素由三个方面组成：选择性注意、选择性理解和选择性记忆。③ 消费者感知客体是有选择的，他们不可能把外部环境中所有的信息完全输入，只能依靠知觉的选择性进行主次分别的刺激反应。而USP理论主导下的广告话语生产，以预先占用的方式确定了主导性意义，将产品过去未被提到的特性作为一个独特的说辞和利益承诺，预先置于消费者头脑中，使消费者注意并对所提供的利益产生兴趣，为进一步促成其购买决策奠定基础。这种方式混淆了消费者对信息价值的认知，降低了他们的知觉选择性对某些信息的抵御能力，被动地成为广告话语潜在的控制对象。20世纪70年代的定位理论则设法在消费者心中创造一个据点并占据它，从而将自己与竞争对手相区分。从符号学上看，定位是商品符号化的第一步，实际上借助了符号的

---

① 查常平：《艺术话语权力的社会性、历史性》，《艺术评论》2004年第3期，第74页。
② 赵一凡：《哈佛读书札记：福柯的话语理论》，《读书》1994年第5期，第114页。
③ 吴文虎：《传播学概论》，武汉：武汉大学出版社，2000年，第211页。

编码和位序关系的重组，以词语在文本中的不同序列位置，赋予文本以力量。索绪尔的语言符号学认为，"尽管一种语言由各种能指组成，但为了生产意义，各种能指必须被结合到一个'区别的系统'中，正是能指间的各种区别承载着意义"①。这同意义赋予认同和标识差异的观点相类似，意义存在的基础是对立和差异，符号的意义只能体现在系统的对立关系中。从定位理论我们可以看到一个起关键作用的要素：对立。定位通常要"相对于竞争对手"，并且标识出自己是"第一"或"最"，按照其理论精神制作出的广告，暗含了与竞争对手潜在的力量对比，其言语行为也不再是简单地对现实进行镜子式的反映，而变成了潜在意识形态的表象。现代广告更加注重对品牌的塑造和传播，大卫·奥格威的品牌形象论强调描绘品牌的形象比强调产品的具体功能更重要，品牌传播的实质是试图更巧妙地操控受众的认知与态度。

（二）受支配群体的"反抗"

权力在交往中实现，受支配群体对待权力的思维干涉会作出不同程度的反抗，这也是权力施控过程中不可避免的方面。受众在广告商的宣传攻势下并非中弹即倒，通常消费者会对广告信息的传播作出各种抵御性反应，或是视而不见，或是充耳不闻，消费者知觉的选择性可以帮助他们防御对某些刺激的感知，降低他们对部分信息作出反应的程度。于是人们自以为有意识，以为自己是话语意义的来源，但恰恰相反，他们是这些意义的结果。话语结构以主体所不能意识到的一种外在力量操控着他们的意识。葛兰西的文化霸权理论告诉我们，优势权力结构支配权的获得不是通过剪除其对立面，而是通过将对立一方的利益接纳到自身来维系。② 也就是将意识形态内化融入对方的价值体系中，同时把对方的利益收编入自己的价值体系中。通常观念中权力都是自上而下的、有形的，而广告话语中权力的介入越来越无形，方式也越来越微妙，不再是单向直接的，不再是消极压制。因此消费者无法对内化于自身主体性建构的意识形态有所意识，即使对广告话语的意识形态倾向产生抵触反应，也不可详尽地意识到其话语实践的意识形态含义。正如阿尔都塞所说，"就像无意识是永恒的那

---

① ［英］斯图尔特·霍尔著，徐亮、陆兴华译：《表征——文化表象与意指实践》，北京：商务印书馆，2003年，第32页。

② 张殿元：《广告视觉文化批判》，上海：复旦大学出版社，2007年，第93页。

样，意识形态一般也是永恒的"①。无意识、下意识都是内化了的意识形态，因此我们意识不到它的存在。消费者的"主体性"存在，反而是意识形态化的自我的存在状态。

（三）意识的再生

广告话语以主体性获得为方式构建意识形态主体，并通过它进行权力渗透。消费者不能根据自己独立的社会成员身份寻找类别归属，而是在广告话语中被建构。越来越多的广告采用了这种类型的话语——"你将需要……""你缺少……"，而不是"我们要求……"，通过"我—你"的主语转换，将潜在的消费者构建成有着特殊需要和价值的人，真正的主体"我"被无形剥夺，丧失了现实的主角地位。表面上被赋予了强大地位的消费者，实际上在广告话语中失去了自主选择的权力，沦为意识形态的工具。现代社会中意识形态通过大众文化外在地表现为我们的生活态度和主张，本质是权力关系在文化中的折射，潜在地控制人们的思维方式和行为准则。

台湾意识形态广告公司著名的系列广告作品"手为了袖子而存在，脚为了鞋子而存在，空间为了家具而存在，身体为了衣服而存在"，极端鲜明地反映出一种"替消费立法"②的意识形态倾向，如马尔库塞所言，"个体与他和她的现实存在条件的想象性关系再现，由个人完成的意识组织与实践的再现。它使人们心甘情愿地参与到其中，认同这一权力关系中的某种角色"③。消费者的主体地位和社会身份是在广告话语的实践中得以建构和表达的，暗含权力关系的本质。权力并非借助于特殊的集体代理人（如阶段、代言人等）强加给消费者，而是体现消费者，且在某种意义上，它是"生产性"的，即它构成了他们，"重新组织"他们，以使之适合于它的需要。④ 例如许舜英的意识形态广告正是在这方面取得了独特的成就，她的作品有明显的意识流痕迹，在若有若无间实

---

① ［日］今村仁司著，牛建科译：《阿尔都塞：认识论的断裂》，石家庄：河北教育出版社，2001年，第296页。
② 张萍：《关于台湾意识形态广告的研究》，厦门大学硕士学位论文，2008年，第28页。
③ ［美］马尔库塞著，刘继译：《单向度的人——发达工业社会意识形态研究》，上海：上海译文出版社，2006年，第5页。
④ ［英］诺曼·费尔克拉夫著，殷晓蓉译：《话语与社会变迁》，北京：华夏出版社，2003年，第47-48页。

现对消费者的生活态度和价值取向的引导。如 Stella Luna 女鞋的一篇广告文案①：

> 不要让你的上半身配不上一双有深度的鞋
>
> 完美的比例往往不是数字而是一种化学作用
>
> 9 头身的魔法在缺乏一双正确的鞋的合作下将会完全失效
>
> 用脸孔及身材迷惑男人的女人还未想清楚是什么创造了一种高度的昏眩
>
> 毕竟没有一件衣服可以让 165 公分的女人拥有 170 公分以上的骄傲
>
> 小心不要让你的上半身配不上一双超级厉害的鞋子
>
> 经过数百道繁复工艺思考的鞋如何能容忍美丽是肤浅的
>
> 美丽的制造者从来不是那些衣服，不信你脱下你的 Stella Luna 看看

这篇文案用全知式话语对女性进行意识形态召唤，将鞋子置于足以决定女性魅力的地位，意识形态以纯洁的不在场形式发生作用，创造出"美丽的制造者"这一意象，激发起女性的爱美之心。通过对鞋子的传统形象进行颠覆，用充满诱惑性的语言人为地创造出新的欲望，迎合了女性消费者对美丽这一欲望符号的崇拜。

三、意识形态的作用方式——策略性的话语

广告话语是一种特殊的话语类型，根据哈贝马斯策略性语言和交往性语言的区分，它属于一种策略性话语。策略性，顾名思义即具有目的，旨在驱动人们做事，为了获得成功。而语言的发展最初是为了交往的需要，旨在生产、理解共同的意义。在这个意义上，话语的意义服从于策略性目的的结果，话语通过与语言的策略性置换获得意识形态的介入。

（一）隐义

隐义即隐涵意义，是隐藏在某一特定话语形式中的判断。隐义包括两种类

---

① 许舜英：《Stella Luna 女鞋广告文案》，顶尖文案，http://news. topys. cn/article/4514 - 1. html。

型：预设和话涵。预设是指隐藏在话语背后为发话者和受话者所共同认定其存在的命题，它是话语获得真假值的必要条件，是话语获得合理性的先决条件。[①]话涵（conversational implicature）又称会话隐涵或会话含义，是指在会话过程中（也应包括书面的会话），发话者有意利用某种言语方式，向受话者所暗示的字面之外的意思。[②]

为了达到既定的宣传目的，广告话语通过预设或话涵，使消费者下意识地顺应语境关系，进入预先设置的话语陷阱。预设不属于话语表层次的信息，具有隐蔽性，容易使受众丧失警惕。例如斯巴迪香烟的一则广告语——"一百万人的选择，不可能是错的"，这句话中含有的预设信息就是斯巴迪香烟有一百万甚至更多消费者；美国贝斯特食品公司的一则广告语——"我们没有较好的，只有最好的"，暗含的预设信息是我们的食品都是好的，在好中还是最好的，您选择我们就是优中选优。话涵通常利用言外之意含蓄地诱导联想，传达深层次的隐含意义。如一则飞利浦剃须刀的广告语——"你不可能剃得更干净了"，它的言外之意就是飞利浦剃须刀剃须是最干净的；国外某钟表公司的广告语——"本公司在世界各地的维修人员闲得无聊"，弦外之音是该公司销往世界各地的钟表质量都很过硬，返修率很低。

广告以陈述事实的方式将隐涵的意义暗嵌其中，消费者在毫无防备的情况下不知不觉接收了某种观念。那些没有明说的假定事实和既定规则，或者不言自明的价值判断，都带有意识形态的特性，它们通过文本表层结构的各种暗示，进入主体的意识形态结构中。这造成的结果是，广告信息不再是客观中立的告知，而是和诱导、说服混合在一起。

（二）定型

定型意味着广告在不断塑造一种自然化、常态化的话语类型，使主体陷入意识形态的控制而不自知，反而产生一种自主性的幻觉，没有意识到自己是被号召、被建构的。定型通常被权势阶层拿来对付和排斥弱势群体，通过类型化建立常态，根据自己的价值体系和意识形态来形成整个社会，从而建立自己的霸权。自然化背后的逻辑是将差异视作自然的、原有的，"就是一种表征策略，

---

① 杨先顺：《语用推理的定义、种类和模式》，《暨南学报》（哲学社会科学版）1997 年第 2 期，第 127 页。

② 杨先顺：《语用否定的逻辑分析》，《自然辩证法研究》2005 年第 1 期，第 29 页。

用来固定差异，并因而永远保住它。这是一种使意义不可避免的'滑变'得以终止的尝试，力图保证话语或意识形态的'封闭'"①。广告中使用的各种表征意象，竭力把生活表现得自然与和谐，仿佛无须置评。比如为了固定男女之间的差异，必须在广告中不断凸显男女区分中最自然平常的一面。据《关于我国电视广告中女性形象的研究报告》的调查数据显示，广告中女性的出现地点50.8%是在家庭，其中26.8%的女性是在做家务，出现在工作场所从事工作的女性只占14.5%，而男性有36.6%的概率出现在家庭中，但多是休闲，男性在家庭中娱乐的比例占男性角色的31.0%，而做家务的比例只占男性角色的5.3%。② 通常我们在广告中见到的女性形象都在非正式场合，如家庭中的贤妻良母，男人眼里的性感尤物，并且表现出对扮演这种角色的享受；男人的形象更多在公共场合，被安排为一家之主，社会中坚，着力刻画出一个智慧强大的形象，体现他们的社会价值感以及实现自我的成就感……这就是定型，根据某方面差异将形象简化为少数几个明显的特征加以确定。女人相比男人，被定型为贤淑的，柔弱的，性感的，从事的活动通常是家庭属性的；黑人被简单地定型为身体上的几个能指符号——厚唇、卷发、宽脸宽鼻；富人被局限在财产、名誉、地位这些符号中；穷人通常与愚昧、肮脏、低贱的意象相联系。定型化有其自身的一套固定逻辑，它将正常的和可接受的东西同非正常的和不可接受的东西分开，然后排斥和驱逐不适合它的、不同于它的东西，以便维持社会的符号秩序。

（三）证言

广告中的证言式话语常常表现为名人、权威等最具代表性和发言权的人物走出来"现身说法"，利用消费者在长期的思维实践中形成的尊崇权威和引证权威的思维定式，引起潜在消费者的注意，引发他们对产品或服务的兴趣，使他们产生购买欲并最后采取行动。权威式证言反映了名人凭借自身的权威性，与非名人之间形成一种权势关系，名人本身从属于某一个优势群体，他对被诉说者施加权势影响，控制着说什么、对谁说以及怎样说。

---

① ［英］斯图尔特·霍尔著，徐亮、陆兴华译：《表征——文化表象与意指实践》，北京：商务印书馆，2003年，第247页。

② 刘伯红、卜卫：《我国电视广告中女性形象的研究报告》，《新闻与传播研究》1997年第1期，第51页。

舒适达速效抗过敏牙膏的电视广告是此类广告中极富典型性的一则，主角是中美史克研究所的一名博士，她首先用专业的医学术语介绍什么是牙齿敏感，然后通过实验验证了该牙膏抗过敏的功效，最后还提供了科学保护牙齿的建议。虽然其他品牌的牙膏广告中也有使用医学专家作代言，但该广告的视角非常独特：设置的话语情境是博士在接受一次随机的新闻采访，作为被采访对象，她的名字和身份分别以新闻字幕的形式出现在画面下方，镜头内展示的环境是她的实验室，而且画面还有轻微的晃动，给人一种现场采访和摄录的感觉。这则广告不仅具有证言的内容，更具有证言的形式感，带给受众的是更真实的观感体验，更具有客观性，它体现的一种匿名的权威感给受众造成无形的内在压力，对他们的意识形态施加一种控制力。

（四）双重言说

文化研究学者理查德·奥曼认为：双重言说是"最常见的意识形态策略"，"言说者操作着双重逻辑——表面的和深层的，表面上站在听话者的立场上说话，执行的是听话者的逻辑，实际上吗，维护的却是自己的利益"。[①] 在广告话语中，话语言说者把自己扮演为消费者的代言人，从而更加隐蔽地进行意识形态的操纵。"给你一个五星级的家"，从广告口号最终沉淀为碧桂园的企业理念和品牌元素，表面上看，是在为追求幸福生活的人实现五星级的生活梦想，实际上给消费者设下了一个温情圈套，本来房地产与物业服务只是一种物质形态的存在，但通过唤醒消费者的精神需求，如家的归属感、亲情、爱情以及生活品位的象征等，给房子一重心理附加值。广告中明言的观点——碧桂园可以给你一个品质和服务水平非常高的家，这一标准直接影响着消费者的选择和判断。而深层次上不明言的，却以一种整体的世界观和生活态度、长期稳定而深层的思维方式从意识深处影响受众。言说者给消费者设计了一个思考程序：过舒适的生活要买舒适的房子——高档的品质和优质服务让您的生活更舒适——碧桂园可以为您提供这种品质和服务——请买碧桂园。

（五）表白

"表白"一词在英文中是"confession"，起初源于宗教词汇，意为获准入会

---

① 李思屈等：《广告符号学》，成都：四川大学出版社，2004年，第183页。

前所作的"信仰声明"。而用在这里，相当于"a public declaration of your faith"，可以理解为求得宽恕、祈求的意思。在公众面前宣誓，言说自己，通过作出表白这个行为来改变自己。例如 2008 年蒙牛在三聚氰胺事件后曾在电视和网站上投放了蒙牛安全生产广告，广告内容概要是"为了让消费者喝到安全好奶，蒙牛乳业集团展开一场脚踏实地的奶源安全行动。奶站：从奶站托管到牧场建设……；送奶：安装电子眼，全程监控……；生产和出厂：严把检测关，保证安全"，其间不断重复"放心奶"的口号，并虔诚地许下诺言——"蒙牛，愿竭尽全力为健康服务"。广告主向消费者陈述和坦白自己，表达出剖析和探究自我的诚意，然而广告对牛奶生产线的视觉展示，对卫生检测部门来访考察的交代，消费者没有真正参与其中，广告商一手操办，消费者看到的只是他们提供的，只是被动地接受表白，主导的权力一直在广告商手中。2011 年蒙牛部分纯牛奶被查出强致癌物黄曲霉毒素 M1 超标 140%，这一事件足以让人怀疑蒙牛当年的"表白"。

四、结语

在市场经济条件下，广告归根结底还是一种成熟而普遍的营销传播工具，它主要为了帮助广告主获得商业利益，这是无可厚非的。但是，我们必须警惕广告通过意识形态的隐性植入，使权力话语得以维系，从而影响受众的价值观念和思维方式；必须警惕广告通过对受众价值观的重构和潜意识的唤醒来操纵他们，对他们进行潜移默化的精神控制；必须警惕广告贬抑人的主体性，削弱人的独立思考能力，降低人的生命价值。

（本节作者：杨先顺、张颖。原文发表于《现代传播》2013 年第 10 期）

第三节 互文性与广告话语的生产

"互文性"概念自从 20 世纪 60 年代末被提出以来，经过不断发展与完善，目前已经成为文学批评和翻译研究的重要解释工具。近年来也越来越多地被运用到话语分析当中，特别是批评话语分析；其研究的重点也逐渐从文学话语转向非文学话语，如新闻话语、政治话语、广告话语等。但目前学界从互文性来探讨广告话语的研究甚少，更未从互文性角度揭示广告话语的生产过程与方式。本节主要解决两个问题：一是如何利用不同类型的互文性进行广告话语文本的生产，二是互文性如何助推广告话语意义的生产。

一、概念的厘清

（一）话语和文本

discourse，中文译为"话语"，有时也译为"语篇"（本书统一译为"话语"）。英国语言学家诺曼·费尔克拉夫曾指出："话语是一个棘手的概念，这在很大程度上是因为存在着如此之多的相互冲突和重叠的定义。"[1]《关键概念：传播与文化研究词典》一书认为"话语是制造与再造意义的社会化过程。……话语是社会化、历史化、制度化形构（formations）的产物，而意义就是由这些制度化的话语所产生的"[2]。本节所用的话语是其第二种含义，"它指的是人类交际和传播活动所产生和使用的一套'符号'——主要是词语、范畴、命题和概念系统"[3]。而"把广告定义为一种话语类型，是在广义的话语概念范畴内

---

① ［英］诺曼·费尔克拉夫著，殷晓蓉译：《话语与社会变迁》，北京：华夏出版社，2003 年，第 2 页。

② ［美］约翰·费斯克等编撰，李彬译：《关键概念：传播与文化研究词典》（第二版），北京：新华出版社，2004 年，第 84 – 85 页。

③ 杨先顺、谷虹：《广告话语分析：一种广告本体研究理论》，《暨南学报》（哲学社会科学版）2007 年第 9 期，第 149 页。

进行的，即把广告话语理解为广告传播活动中所产生和使用的一整套'符号'"①。

在此有必要阐明话语与文本之间的关系。文本，可以看作是"话语"的具体产品。文本"作为话语的一个向度，是文本生产过程中的书写的或口头的产品"②。也就是说，文本以具体的作品形式呈现出来，让话语这个较为抽象的概念有了具象的载体。"文本被看做话语的一个向度：在形式上表现为话语的物质性存在，在观念上则是一定语境的体现。"③

（二）"互文性"的缘起与界定

互文性（intertextuality）这一术语是由克里斯多夫（Kristeva）于 1986 年提出的。她认为，"任何文本的构成都仿佛是一些引文的拼接，任何文本都是对另一个文本的吸收和转换"。并且她把"产生在同一个文本内部的这种文本互动叫做互文性"④。按照克里斯多夫的观点，每一个文本都是由过去的、历史的文本建构起来的，文本通过对其他文本的吸收、强调、转化和重新加工，构成当下的文本，同时也预测了将来的文本。虽然克里斯多夫是互文性概念的提出者，但学术界关于互文性的经典概念论述却是出于索莱尔斯（Philippe Sollers），他认为"互文性概念在此具有关键意义：任何文本都处在若干文本的交汇处，都是对这些文本的重读、更新、浓缩、移位和深化。从某种意义上讲，一个文本的价值在于它对其他文本的整合和摧毁作用"⑤。索莱尔斯的这一阐述也被理论界当作互文性概念的经典定义来引用。

从以上学者的解释，我们不难看出互文性是文本的一个重要属性，是话语分析的一个重要维度。任何一个文本都不是独立存在的，都不可能摆脱其他文本的痕迹，都处于和其他文本的联系之中。

互文性概念从诞生之日起，就与文学结下不解之缘。互文性成为文学与诗

---

① 杨先顺、谷虹：《广告话语分析：一种广告本体研究理论》，《暨南学报》（哲学社会科学版）2007 年第 9 期，第 149 页。

② ［英］诺曼·费尔克拉夫著，殷晓蓉译：《话语与社会变迁》，北京：华夏出版社，2003 年，第 3 页。

③ 胡春阳：《话语分析：传播研究的新路径》，上海：上海世纪出版集团，2007 年，第 36 页。

④ 秦海鹰：《互文性理论的缘起与流变》，《外国文学评论》2004 年第 3 期，第 19 页。

⑤ 秦海鹰：《互文性理论的缘起与流变》，《外国文学评论》2004 年第 3 期，第 21 页。

学领域、翻译领域的重要解释框架，伴随着互文性理论的发展，互文性概念从文学领域发展到非文学领域，如建筑、绘画、广告等。

广告话语作为一种经由媒体向大众传播的话语类型，是一种重要的公共话语形式。广告话语的互文性特征是无所不在的，每一部广告作品都是对已有文本与文化的借鉴和延伸。无论是广告话语的文本生产，还是广告话语的意义生产，都深深打上了互文性的烙印。

二、互文性与广告话语的文本生产

互文性对广告话语的生产具有强大的渗透力，互文性影响甚至制约着广告话语的文本生产。通常，各种类型的互文性均可以渗透到广告话语的文本生产中。我国学者辛斌从读者和分析者的角度提出了具体的互文性和体裁互文性的区分。所谓具体的互文性指的是一个语篇中能够明显看到其他的语篇和他人话语的痕迹。而体裁互文性是指"一个语篇中不同风格、语域或体裁的混合交融。它涉及的不是个体主体，而是集合主体，如某一社会阶层或群体"①。此外，广告话语作为一种有意识的信息传递工具，各种习俗、刻板印象、阶层文化特质、社会观念等均在广告话语中得到不同程度的呈现，因此文化互文性也应当纳入互文性的分类中。以下我们探讨一下不同类型的互文性是如何生产广告话语的文本的。

（一）利用具体互文性生产广告话语的文本

具体的互文性，也可称为"细节的互文性"。具体的互文性可以分为两种，一种是直接引用，通常会有引号或标示转述的动词等明显的特征。另一种是创造性的模仿和改造。在广告话语中，直接引用或转引的广告文本并不多见，多数广告文本都是对历史的、受众熟悉的文本进行的创造性表现。其中，后者包含的内容最为丰富。在广告话语的互文性创作中，常见的有影视作品、文学作品、经典名画、音乐作品、现实文本和创作手法技巧等。运用影视作品、文学作品、经典名画、音乐作品等这些原始文本与广告文本进行互文，其目的在于利用受众对这些原始文本的熟悉度，使其产生积极的联想，进而生成广告话语

---

① 辛斌：《语篇互文性的语用分析》，《外语研究》2000 年第 3 期，第 15 页。

的文本。如《百度之唐伯虎篇》，这幅广告作品通过对周星驰经典电影《唐伯虎点秋香》里相关情节的借鉴，暗讽竞争对手，突出"百度更懂中文"的广告主题。

此外，更值得注意的是现实文本的互文以及创作手法和技巧的互文。所谓的现实文本来自于真实发生的事件或真实存在的人、事物，它们因为一时间备受关注而成为人们热议和追逐的对象。它可能是某个政治事件，可能是网络焦点事件或人物，也可能是媒体新闻事件。现实文本具有很强的时效性。统一润滑油在 2003 年时借助朝韩峰会的契机，适时推出主题为"多一点润滑，少一点摩擦"的广告作品，恰到好处地实现了与现实文本的互文。

广告话语在创作手法和技巧上的互文分为两种情况。一种情况是系列广告文本之间的互文。系列广告作品无论在构图、创意理念还是手法上都具有高度的相似性，如绝对伏特加的系列平面广告，就非常善于利用这种创作技巧上的互文，利用瓶身的各种创意来形成品牌传播的强大力量。另一种情况是其他广告文本对某一品牌的广告文本的模仿。一部好的作品总是不可避免地成为被模仿和超越的对象，优秀广告文本的创意理念、创作手法甚至光影的运用都可以被其他广告文本借鉴和运用。

（二）利用体裁互文性生产广告话语的文本

体裁（genre），又叫作文类、类型，费尔克拉夫把它称为"文类"。体裁"来自电影理论，强调由于题材（如历史片、灾难片、传记片）、表现形式（如音乐片、舞蹈片）、观众类型（成人片、儿童片）、节（栏）目样式、要素、风格乃至追求利润模式（如西部片、功夫片）的差异，会形成各自不同的叙事策略的文本，同一类型有一些程序化的稳定的可辨认的制作模式"[①]。费尔克拉夫在他关于互为话语性的阐述中，特别分析了"文类"这一术语。文类被看作是建构互文性的一个关键概念，不同的文类要素进入到话语类型的建构过程中去，在新的话语类型中被表达出来。

在广告话语分析中，"体裁"一词可以用来指代任何具有文学或非文学特征的，或口头的或书面的话语类型。每一种体裁都具有使用价值，带有目的性

[①] 胡春阳：《话语分析：传播研究的新路径》，上海：上海世纪出版集团，2007 年，第 228 页。

和交际意义。体裁提供一个基本的框架，这个框架是在长期的话语实践中通过传受双方的交流和磨合产生的，它有着自己的结构、语法规范、格式、风格和修辞特点，这些管理和常规使文本的生产者和文本的阐释者的互动和沟通更加便利流畅，使文本意义的生成容易达成某种共识。"几乎任何语篇，不论是文学的抑或非文学的，都有体裁互文性。"① 如广告话语与新闻话语的融合、与故事类型的融合、与电影叙事的融合等都是这种体裁互文性的直观体现。广告话语的体裁互文性并不像具体互文性一样有可以看见的、明确的互文特征，体裁互文性是文本深层次的融合和表意。叙事体、小说体、诗歌体、证言体、描述体、对话体等不同体裁类型中的一种或多种都有可能与广告话语形成互文。例如，广告软文就是借助广告话语和新闻话语、广告话语和科普话语的互文性进行的文本生产。如宝马汽车影视广告作品，其好莱坞式的宏大电影制作模式就是广告话语与电影话语的互文性表现。

（三）利用文化互文性生产广告话语的文本

所谓文化互文性是指，广告话语中常常会援引一些已经得到普遍认同的社会观念和价值取向等，这些较为抽象的概念与广告话语的整合提高了广告的文化价值性，同时也增强了说服的效果。值得注意的是，在文化互文性当中，社会关系和社会身份在这种互文过程当中被建构或者被强化，如广告中的女性形象、中产阶级的生活态度和观念等。

文化互文性中援引的通常是一种隐喻性和概念性的内容。在普遍认可的社会观念中，当代的年轻人应该是个性的、时尚的、自由的、热情奔放的、无拘无束的、随心所欲的，所以在中国移动动感地带的广告话语中，年轻人就是以这种社会意象而出现。"我的地盘听我的""我就是 M－ZONE 人"等广告语就与年轻人的各种社会意象进行了互文，品牌内涵与文化得到了呼应，无论在信息传递还是情感诉求上都取得了很好的效果。

三、互文性与广告话语的意义生产

互文性不仅影响和制约着广告话语的文本生产，而且助推着广告话语的意

---

① 辛斌：《体裁互文性的社会语用学分析》，《外语学刊》2002 年第 2 期，第 16 页。

义生产。在广告话语的生产体系中，互文性的最大意义在于其是广告话语产生意义的重要途径。广告话语的生产，从其深层的本质来看，指的是广告话语意义的生产与再生产。因为广告话语的传播过程，并不单指具体的广告文本（广告作品）的传受过程，更重要的是广告文本意义的再生产与传播。广告话语的意义并不是孤立地被创造出来的，而是在与其他文本的互动过程中产生出来的，这是互文性的另一种表现。这里的互动过程大致包含表层互动和深层互动两个方面。表层互动是指广告创意人员运用各种原始文本和互文技巧的互动融合，从而产生广告话语的初始意义。深层互动是指除了广告创意人员之外，广告主、广告受众也参与到意义的生产和再生产的互动过程中。

因此，广告话语的生产主体应该包括三类：广告主、广告创作者以及广告受众。广告主是决定广告文本意义的隐性权力主体，对广告文本的初始意义起主导作用。广告创作者是广告主市场利益的践行者，他们通过对多元化的原始文本和互文技巧的运用创造出广告主预期的意义。而广告受众则是广告话语意义再生产的主体，广告话语的意义又取决于受众的阐释，受众的阐释激活了话语的再生意义。以下用一个模型来直观地展示基于互文性的广告话语意义的生产过程：

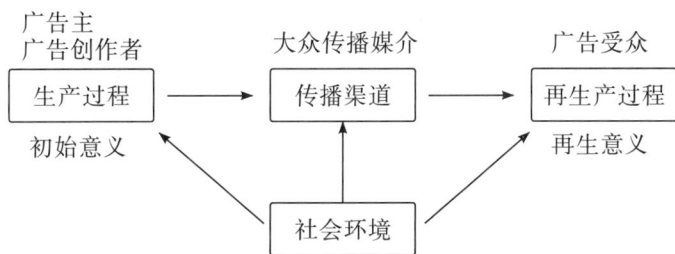

图 1-1 基于互文性的广告话语意义生产过程示意图

以下我们进一步分析这一意义生产过程中的特点：

（一）基于互文性的广告话语意义生产过程是一个社会化的动态过程

广告话语的生产过程是一个多元化原始文本以及多角色参与者互动的结果，这就是互文性产生意义的过程，即社会化的互动过程。"话语"一词本身就带有社会性的色彩，而话语的意义也不纯粹来自于文本，它与社会总是存在着各种微妙的关联，社会环境在各个层面上对意义的生产产生影响。从宏观上看，这种社会环境指的是社会文化以及社会成员之间共享的符号体系。从微观上看，这种社会环境指的是各个参与者的社会背景、阶级阶层和传媒技术的发展等。社会环境中的各种要素构成了内容丰富的原始文本，它们参与到广告话语意义的生产过程中，并在这种相互借鉴、相互指涉、相互影响的互文关系中构建广告话语的意义体系。

（二）广告主和广告创作者是广告话语初始意义的主导者

广告话语作为一种带有强烈的吸引受众的意图性的话语形式，广告主享有具有主导地位的话语权，而广告创作者则要将广告主的意图巧妙地传达给广告受众。广告主和广告创作者要通过各种意象的植入来进行互文性的广告话语意义生产。社会符号体系中的各种比喻、双关、讽刺等手法为他们进行广告话语意义的创造提供了互文的空间，他们在理想和现实之间虚构出某种意识形态化的意象，为广告受众打造"神话"世界。这些有关身份地位、性别角色、生活方式的"神话"在广告话语中通过互文得以重复和强调，逐渐被"自然化"，成为流行的价值导向。

（三）广告受众是广告话语再生产的主体，创造了话语的再生意义

约翰·菲斯克在研究大众媒介文本的过程中，极力肯定了受众在文本意义生产和传播过程中的主观能动作用。他认为传统的大众文化意识形态论和霸权理论过高地估计了主流意识形态的作用而忽视了受众的力量。广告话语作为大众文化的重要组成部分，其文本特征具有菲斯克"生产者式的文本"特征。菲斯克在《电视文化》中，吸收了巴特的"作者式文本"和"读者式文本"两个概念，提出把电视文本看成一个开放的、"生产者式的文本"。"生产者式文本把作者式文本的电视特征和读者式文本易于理解的特征结合起来了。"[①] 从这个意义上说，广告文本作为大众媒介文本不仅具有"读者式文本"的封闭性和易于理解性，而且还带有"作者式文本"的开放性和多义性。广告文本本身就是对存在于当下的各种其他文本的融合和杂糅，各种不同的话语类型和文本形式在每一个具体的广告文本中的统合并非如广告主和广告创作者所期望的那般毫

---

① ［美］约翰·菲斯克著，祁阿红、张鲲译：《电视文化》，北京：商务印书馆，2005年，第135页。

无缝隙，各种用于互文的原始文本的异质性导致文本内部存在裂缝，并最终使受众在阐释意义上有产生"多义性"的可能。此外，每一个对广告文本进行意义阐释的受众可能来自于不同的亚文化群体，他们有不同的社会背景、性别角色、阶级阶层，在这种开放的媒体空间下，受众作为阐释主体的多元性以及广告文本内部的异质性和模糊性都必然产生文本最终意义的"多义性"。广告受众不仅是文本意义的阐释者，同时也是文本意义再生产的主体。

"凡客体"文本的流行及其意义衍生恰好印证了这一过程。凡客诚品曾推出以韩寒、王珞丹为主角的平面广告，并以"爱××，不爱××……我是××× ，不是×××，我和你一样，我是凡客"的模板来进行文案创意，这种极度张扬主体价值观的表述方式顷刻成为年轻人的至爱。"凡客体"式的表述在网络上迅速蔓延开来。大家都主动参与到这一狂热的文本再生产运动中自娱自乐。"凡客体"中的广告受众即菲斯克所言的"大众文化迷"。"大众文化迷具有生产力：他们的着迷行为激励他们去生产自己的文本。"① "这种'迷'的生产力甚至可以扩展至更大的范围，生产出的文本足以与原初文本相匹敌，或者对其加以拓展甚至于彻底重写。"② 但重要的是对"凡客体"的互文衍生出了使广告创作者始料未及的意义。据百度百科的介绍，广告创作者邱欣宇曾与凡客公司协商，用"80后"靠自我奋斗、努力获得成功的代表人物韩寒和王珞丹作为品牌代言人，该广告的本意是通过"这种能表达自我且极富个性化的语言"（邱欣宇语）彰显其目标消费者的独特价值观和个性形象。③ 但在广告受众的再生产过程中，广告创作者的初始意义已难寻踪迹，取而代之的是对名人（如赵本山、郭德纲等人）的戏谑、调侃和恶搞，其再生意义已具备了蔑视权威、颠覆榜样和"深度模式削平"的后现代主义的意味。

四、结语

互文性为广告话语的生产提供了广阔的联想空间和广泛的文本素材。一个

---

① ［美］约翰·菲斯克著，王小钰、宋伟杰译：《理解大众文化》，北京：中央编译出版社，2001年，第154页。

② ［美］约翰·菲斯克著，王小钰、宋伟杰译：《理解大众文化》，北京：中央编译出版社，2001年，第155页。

③ 凡客体，百度百科，https://baike.baidu.com/view/4055632.htm，2010年12月18日。

设计精巧的互文文本是话语意义顺利传播的重要基础，但如果使用不当，则会消解优秀文本及其意义的崇高性和典范性，从而使广告受众沉浸在肤浅的娱乐快感中，例如有些广告以达·芬奇的名画《蒙娜丽莎》作为互文的对象，对原作进行恣意的篡改，虽然有的不乏幽默，却使蒙娜丽莎迷人而神秘的微笑荡然无存，经典艺术的价值遭到贬抑。另外，如果互文性在广告话语的生产中被过度使用，则又会造成对广告话语原创性的伤害，助长广告创作者抄袭、模仿之风。凡此种种，都提醒我们，运用互文性进行广告话语的生产时应保持高度的警觉。

[本节作者：杨先顺、陈曦。原文发表于《暨南学报》（哲学社会科学版）2011 年第 5 期]

第四节　广告话语传播与理解中的互文性

广告话语作为一种具有说服性和意图性的话语形式，无论在话语的生产，还是在话语的传播与理解中，都存在互文性现象。在上一节中，我们重点讨论了广告话语文本生产和意义生产的互文性，本节则侧重探讨广告话语传播与理解中的互文性。

一、媒体与广告话语传播中的互文性

媒体的品牌形象成为受众认知结构的组成成分，成为受众评价广告文本的价值性和真实性的重要参考。这只是媒体参与广告话语互文传播中的一个方面，媒体更为重要的角色是参与了广告话语与其他话语形式的类型转换，并加剧了这一过程中的权力和话语权博弈。

（一）媒体与广告话语的类型转换

广告话语的互文性不仅存在于文本的内部，同时文本的外部也是互文性活跃的场所。在大众传播的背景下，以媒体为平台的互文性与话语类型转换就是这种文本外部的互文。所谓的互文性和转换指的是"在各种机构之中和各种机构之间，特定的实践已经和特定的'互文性链条'（intertextual chains）、文本类型系列联系起来。文本类型系列中的每一个成员都以常规的、可以预测的方式被转换为其他系列中的一个或更多的成分"①。

那么，广告话语是如何进行话语类型的转换呢？广告话语参与的话语类型转换主要表现在广告话语与新闻话语的转换，广告话语与群体话语的转换，而这些转换过程都必须借助媒体才能发生，也就是说，媒体为广告话语意义的流转提供了一个中介和平台。在这里，媒体的外延扩展了，它不仅包括传统意义上的媒体，对于群体话语的转换来说，新兴媒体在这个过程中的意义更大、更重要。随着技术的发展，媒体传播的形式愈加广泛，特别是近年来各种互动性强的互联网平台异军突起（如 SNS 社区网站、微博等），使传者和受众之间的交互性增强，很大程度上改变了传统的大众传播的线性模式。总的来看，在新的传播环境下（特别是自媒体逐渐兴起的背景下），媒体在广告话语意义的互文传播中的作用如下：

首先，改变了互文性意义的传播模式。随着全球化媒体通信手段的愈加先进，广告话语的意义传播不仅发生在目标受众和传播者之间，而且还以惊人的速度在更广泛的时空范围内产生链式效应。传统的线性模式已经被完全改变，发散式的传播成为主流。在互动式媒体助力下（如微博、博客、SNS 社区网站、视频网站），广告文本通过转发、跟帖、评论等形式传播开来，同时传播出去的还有转发者极富个性色彩的感受和评价。这种互动的传播模式使广告文本以媒体为平台（通常是各大网站），通过"意见领袖—活跃分子—跟随者—滞后者"这样的层级结构传播开来。可以说，互动媒体的出现，使传播模式从平面变得立体，从单向变成双向交互，从表层转向深层。如 2010 年七喜中奖广告就是通过博客、人人网、开心网、Qzone 等平台迅速传播开来，转发标题无不以"搞笑""恶搞"来吸引眼球，和《百度之唐伯虎篇》的广告一样，取得了病毒式传播的效应。互动媒体的时代是一个用户产生内容的时代，受众广泛参与到广告话语的意义生产和传播中来，互动和交流使广告话语的意义嵌入到了个人交

---

① ［英］诺曼·费尔克拉夫著，殷晓蓉译：《话语与社会变迁》，北京：华夏出版社，2003 年，第 121 页。

际以及群体传播的话语中去，在更大更复杂的互文链条中进行意义的流转。

其次，促进了多元媒体互文中的广告话语意义传播。这里所说的多元媒体互文指的是不同类型的媒体，包括报纸、杂志、电视、网络等中的新闻报道或评论对广告文本的指涉现象。一些广告文本，特别是一些具有争议性的广告文本，因为受到受众的普遍关注而成为媒体报道和评论的新闻来源。广告文本、受众的态度和评价成为媒体从业人员制作新闻文本的"源文"，使广告话语的意义在不同类型的新闻文本中被重复、转述、强调甚至扭曲。

如"凡客体"以其独特的戏谑、调侃式的语体形式得到广大网民的追捧，从而迅速在网络上蔓延开来，形成病毒传播之势，自然也吸引了敏锐的记者和编辑的眼球。通观各大新闻媒体以"凡客体"为新闻来源所产生的新闻话语类型，主要有三种：第一种是单纯地关注"凡客体"这个流行事件本身的报道与评论；第二种是对由"凡客体"所引发的社会事件的报道；第三种是媒体从业人员创造性地将"凡客体"的语体形式与新闻报道相结合，用另类的方式报道新闻。

第一种类型主要出现在"凡客体"盛行之初。如《羊城晚报》2010年9月4日的报道《"凡客体"爆红被指有幕后推手　还能红多久?》，《南方日报》2010年9月8日的报道《学习"凡客体"，不作"奥特曼"》，广西卫视2010年8月9日的《新闻夜总汇》中的专题报道《网上"凡客体"，今天你PS了吗?》，2010年8月7日凤凰卫视的节目《凤凰要闻》中的报道《"凡客体"爆红　全民恶搞名人》，还有各大门户网站，如腾讯、网易、新浪等，对这些媒体报道的转载。这些新闻文本的报道角度主要有"凡客体"事件的来龙去脉、"凡客体"引发追捧的空前景象、"凡客体"事件对凡客诚品品牌营销的作用以及对事件背后深层社会原因的思考。

第二种类型是指对由"凡客体"所引发的社会事件的报道。如上海市公安局曾用"凡客体"的格式制作了一则提醒市民谨防电讯骗子的广告。原文如下："爱打电话，爱发短信，爱装警察，爱装法官，爱装检察官，也爱说电话欠费、法院传票、银行转账、恶意透支、涉及洗钱、安全账户，……我不是神马，也不是浮云，我是电讯骗子……"此广告刊出后经细心网友拍照上传，引发了各方媒体的热议。如《现代快报》2011年4月12日的报道《上海街头现"凡客体""警方诚品"宣传画》，《东方早报》2011年4月12日的报道《沪防诈骗海报走红：我不是神马　我是电讯骗子》，等等。此类新闻报道主要针对

"凡客体"的社会影响方面。

第三种类型的代表作是 2010 年《辽沈晚报》打破传统的新闻报道模式，采用时下流行的"凡客体"对广州亚运会进行报道，活泼的报道风格不仅受到了读者的赞赏，同时引发了各大媒体的关注。这时候的"凡客体"被吸收成为新闻工作者制作文本的形式，它被内化成了一种模式，使原有的广告话语意义以一种非常隐蔽的方式隐匿在媒体的报道中，在广度和深度上拓宽了"凡客体"的广告话语意义。

从由"凡客体"事件引发的多元媒体互动的案例中可以看出，媒体的报道可以在无形之中将原有的互文链条无限延伸开来，这不仅体现在报道的数量上，同时还体现在报道的深度上，甚至于内化成为一种写作的模式。这是一种深层次的互文。

（二）加剧了话语类型转换过程中的权力和话语权博弈

费尔克拉夫在阐述互文性和转换中说："互文性链条可能在文本类型之间构成了相对确定的转换关系……它们往往成为压力和变化的途径，成为文本类型之被殖民化和入侵的通道，沿着这样的通道，文本类型之间的关系就成为被争夺的对象。"[①] 文本的生产者们似乎预见到了文本类型转换的方式，互文性链条内的各种转换和社会关系被策略性地利用了。无论是互动媒体中受众评论并转发的群体话语形式，还是多元媒体互动中的新闻话语形式，都使广告话语的意义在社会中留下了"痕迹"，广告话语的文本生产者们或多或少地达到了他们提高知名度的目的。

值得注意的是，随着互动式媒体的兴起，文本的接受者们对这种既定的话语霸权产生了抵触情绪。当互联网进入 Web 2.0 时代，开放性、草根性、互动性以及个性化成为它的代名词。互动媒体的时代是用户产生内容的时代，每一个用户都是产生内容的中心，都试图在传统的媒介霸权、广告霸权中争取自我的话语权。网络环境的愈加草根化，让深陷其中的草根族群都愿意遵循着去中心化、去权威化的途径去阐释文本，这无疑加剧了话语类型转换中的权力和话语权的博弈。

---

① ［英］诺曼·费尔克拉夫著，殷晓蓉译：《话语与社会变迁》，北京：华夏出版社，2003 年，第 122 页。

二、广告受众与广告话语理解中的互文性

（一）广告受众在广告话语意义理解中的认知过程

广告话语的解释过程本身就是具有认知性的。所谓"认知（cognition），是指人们认识活动的过程，即个体对感觉信号接收、检测、转换、简约、合成、编码、储存、提取、重建、概念形成、判断和问题解决的信息加工处理过程"①。费尔克拉夫阐述"互文性"这一概念的时候，用"连贯性"来说明文本解释的过程。"文本只对赋予了它以意义的某个人才有意义，即某个能够在缺少明确标识的情况下指出那些有意义的联系的人。"② 费所说的"某个人"指的就是话语的解释者。广告话语中的互文性使话语的解释过程变得复杂了，"因为要弄清文本的意义，解释者们必须找到使文本的各种要素能够适合一个连贯的——尽管不一定是单一的、确定的、并非含糊不清的整体的方法"③。这种方法就是受众在长期的实践和学习过程中建立起来的解释框架，这个框架包括了各种既定的规约、习俗、信仰、观念等等。在广告话语意义的解释过程中，广告话语的生产者在广告文本中预设了受众解释意义的方向，受众在解释文本的过程中用他们的经验发现了能够将广告话语生产者所预设的各种异质性的符号信息连接起来的方式，产生了连贯的解释。这就是受众对广告话语中的互文性的认知过程。

广告话语意义生产的目的是为了让受众能够顺利地理解话语的意义，并且将话语的意义内化，以促成购买行动或达成态度改变。借助互文性促进广告话语的理解和传播，除了需要在文本内部顺利生成意义之外，关键还取决于广告受众的认知和理解。话语意义的两端连接的是话语生产者和话语接受者，而对广告话语的接受者即受众而言，互文性也不可避免要产生影响。广告受众通过调动经验中的互文文本，将过去的经历、知识、审美投射在理解广告文本意义的互文活动中，丰富文本的意义体系。而基于互文性的广告话语，更需要受众

---

① 认知，百度百科，http://baike.baidu.com/view/69807.htm，2011 年 1 月 14 日。

② ［英］诺曼·费尔克拉夫著，殷晓蓉译：《话语与社会变迁》，北京：华夏出版社，2003 年，第 78 页。

③ ［英］诺曼·费尔克拉夫著，殷晓蓉译：《话语与社会变迁》，北京：华夏出版社，2003 年，第 123 页。

理解力和接受力的配合才能够实现成功的传播。

（二）广告话语解释过程中受众的解释类型

广告话语的生产者要让广告话语的接受者产生连贯性的理解，就必须依据一定的连贯规则，这些连贯规则存在于受众的解释框架中。当然，广告话语的接受者有时候能够根据广告话语生产者所预设的解释规则顺利产生意义，而有时候则会得出其他一些个性的、与众不同的，甚至是相反的解释，不同的受众可能会产生不同的意义。一般来说，广告受众对广告话语的理解可以有两种类型：一致型和偏离型。

1. 一致型

一致型的理解方式即广告受众完成了连贯性的阐释，产生了与广告话语生产者所预期的一致的话语意义。2011 年舒肤佳在品牌 20 周年纪念的时候推出了全新的品牌广告《感动妈妈》篇。广告记叙了母亲在一个青年成长过程中所给予他的温暖和帮助，中间穿插了舒肤佳在这 20 年来的变化和发展。舒肤佳的这个电视广告明显运用了文化互文性，即在文本中体现了慈孝的观念。中华民族是一个重孝道的民族，"孝"已经成为每一个子民的普遍认知。广告的创作者将"孝"的观念融入品牌内涵，让每一个看过广告的受众很容易从已经建立起的解释框架中搜索出"孝"的观念，在感触于母亲的无私与爱的同时把这种感情移植到品牌上。

2. 偏离型

费尔克拉夫把与一致型相反的解释者叫作"抵抗型"。但笔者认为，"偏离"二字更能概括此类型解释者的特点。所谓的偏离型的解释者会根据自己的兴趣、爱好、观念、知识和目的等给予广告文本个性化的解释，这些解释与广告创作人员的预设有些不同甚至相反。偏离型的解读方式似乎更指向于对广告话语文本内部互文性的一种抵制，受众的认知与广告文本相脱节，受众并没有理解广告创作人员的意图，或者是理解了意图，但基于其自身的认知解读出了文本深处潜在的其他意义，这些其他意义可能是广告人在创作广告时没有察觉的。如下文中耐克（NIKE）广告《恐惧斗室篇》的"辱华"事件，更体现出在大众传播时代，作为消费者的广告受众在广告话语的说服面前的主体性的增强，这个事件也反映出了在广告话语传播过程中的话语权的博弈。

2004 年耐克公司的电视广告《恐惧斗室篇》就因为其广告情节的多个环节

有亵渎中国文化之嫌而遭停播。具体来分析这个广告，按照该广告的创意人员阐述，他们意图通过篮球运动员逐层挑战对手来表达一种美国式的年轻人无所畏惧、克服困难、追求理想的产品理念，广告创意中采用了诸如龙、飞天、中国道士等中国元素，但是在中国受众的认知里则产生了与创作者们截然不同的互文联想。这些中国元素作为中国传统文化的组成部分历来都是以正面的形象出现在各种作品当中，耐克公司在广告创作中却把它们作为"邪恶"一方的代表，这显然与广告受众所形成的理解和解释框架截然相反，必然造成广告话语创作者和广告话语接受者对文本意义的解释断层，导致受众误读。因此，广告话语利用互文性进行传播，要求广告话语生产者必须充分考虑受众的知识背景和文化背景等，避免因为这种互文失误而导致品牌形象受损。

总之，广告受众的认知结构（包括解释框架）是广告创作者在制作广告文本时必须要考虑的重要因素，只有与受众的认知结构相关联的广告文本才能被顺利地推导和理解。

（本节作者：杨先顺、陈曦。原文发表于《新闻界》2011 年第 3 期）

第二章

广告话语的文化批判

……

第一节　被凝视的女权奇观
——后现代视野中的女权广告话语

二十世纪六七十年代，女权主义运动在西方兴起，由于广告长期展现女性作为男性凝视的客体形象，强化"男主外，女主内"的父权制观念，而无视女性地位和观念的改变，成为女权主义者批判、声讨的对象。为了争取女性消费者，广告不得不对女权主义妥协，广告中越来越多地出现"女权"形象。我们将呈现"女权"形象的广告运动及广告创意表现称为女权广告话语。值得深究的是，女权广告话语真的冲破了男权主宰的藩篱吗？女权广告话语中的女性是真正的女权主义者吗？

一、广告与西方女权主义

传统广告中，女性主要以这几种形象出现：料理家务、相夫教子的主妇，为了取悦男性而打扮自己的性感尤物，工作中担任秘书或需要男性帮助的"辅助性"职业女性。这些形象常常受到女权主义的指责。广告创作者不得不小心翼翼地对待女性形象，并开始迎合女权主义者的口味，创造出一些"女权"形象。

早在 1968 年，弗吉尼亚苗条香烟就在电视广告中展现了妇女地位的上升，以讨好女性消费者，广告的主要情节是："1910 年，Pamela Benjamin 在凉亭抽烟被撞见，受到了严厉的斥责，被罚没有晚饭吃；1915 年，Cynthia Robinson 在地下室抽烟被撞见，尽管她已经 34 岁了，但丈夫径直把她带回了自己的房间；1920 年，女性赢得了她们的投票权。"① 该广告引起了强烈反响，尽管仍受质疑，但并不妨碍它受到广大女性的欢迎。弗吉尼亚苗条香烟由此打开了女性消费者市场。从此，挑战男权主导地位的广告逐渐流行。而当今的西方广告甚至

---

① 李斌玉：《论广告业与女权主义运动的关系》，《山西经济管理干部学院学报》2007 年第 6 期，第 96－97 页。

走向另一个极端：玩弄男性、把男性当作嘲弄对象已然成为表现"女权"的一种方式。法国女装品牌 Kookai 以"女人是世界的主角，男人尽在我掌握"为广告理念，完全颠覆了男权价值观，其推出的电视广告《马桶篇》还曾获奖。广告中，三个小矮人大小的男性在水中挣扎，浮上水面后发现自己身处一个年轻女子寓所的马桶中，面对男子的求救神情，女子不以为然地按下马桶的抽水开关并转身离开。男性在这里成了落难者，女性可以选择不去拯救他们，女权色彩颇为强烈。创立于 1983 年的 Kookai 发展至今，不仅增加了香水这一产品种类，其销售网络也遍布全球。可见，Kookai 的品牌理念是受女性消费者欢迎的。

李斌玉认为，"广告业和女权运动之间的互动与博弈主要经历了被动接受、主动迎合和参与合作三个阶段"[1]。可以说，广告为了商业利益，愿意做任何事情去讨好女性消费者，然而，这些广告话语中的"女权"形象，是否真正改变了女性作为男性欲望、凝视客体的地位呢？

二、"女权"的诱惑——后现代与消费主义交合的话语策略

（一）后现代主义与女权主义之交集

20 世纪 50 年代末 60 年代初，后现代文化思潮在西方兴起，西方几乎所有的文化领域都受到后现代主义的冲击。后现代主义具有反对同一性、去中心性和拒绝终极价值观的特点，具有消解、批判、否定、超越近现代传统的倾向。王岳川指出："后现代不重过去（历史），也不重未来（理想），而重视现实本身。这一特点，使后现代主义背叛了现代主义对超越性、永恒性和深度性的追求，而使自己在支离破碎的语义玩弄中，仅得到一连串的暂时性的空洞能指。"[2]

女权主义反男性中心的核心理念本身就是对传统及现代思想的反叛。二十世纪六七十年代，西方第二浪潮女权主义兴起，通过大规模的妇女运动，西方妇女在公、私领域的地位得到了极大提高。同时，第二浪潮女权主义又受到来自西方国家处于边缘地位的妇女群体的批判，如少数种族妇女和劳动妇女。她们认为，第二浪潮女权主义仍在用一种"元话语"述说妇女的解放，其主要为

---

① 李斌玉：《论广告业与女权主义运动的关系》，《山西经济管理干部学院学报》2007 年第 6 期，第 96 页。

② 王岳川：《后现代主义文化研究》，北京：北京大学出版社，1992 年，第 15 页。

白人中产阶级妇女服务，并未看到各妇女群体的差异，种族歧视和压迫使得处于边缘地位的妇女群体没有得到重视。① 女权主义者由此开始反思，寻找新途径发展女权主义。后现代主义与女权主义在本质上有着较高的一致性，如颠覆传统思想，反对二分法思维模式，反对本质主义和普遍主义，强调差异性、多样性，等等。因此，女权主义批判地吸收后现代主义，形成了后现代女权主义。后现代女权主义否定宏大叙事，同时强调差异，认为差异是文化的、非生理的。对福柯"话语即权力"理论的吸收，是后现代女权主义的一个重要特点，后现代女权主义由此提出发明女性话语的任务②。

后现代主义与女权主义一起，对有关女性的各个领域都产生了不可忽视的影响。广告创意通常来自并体现大众文化，后现代主义与女权主义自然也渗透到广告中并折射出来。

（二）被凝视的"女权"形象

在福柯那里，"凝视"是社会对个人进行管制的方式："用不着武器，用不着肉体的暴力和物质上的禁制，只需要一个凝视，一个监督的凝视，每个人就会在这凝视下变得卑微，就会使他成为自身的监督者。"他指出：社会通过纪律管束人的身体，通过话语定义何为正常、何为反常，通过标准化或正常化过程要求人们遵守规范，自己制造出自己驯服的身体。③ 借鉴福柯的思想，后现代女权主义认为，使女性处于被"凝视"的从属地位的，就是无处不在的男权中心文化。男权的凝视，使女性自觉将自己规训于男权的规范下。这是一种非暴力、非物质的规训方式，即使女性已在政治、经济地位上取得独立，也难以逃脱深深根植在社会文化生活中的男权阴影。

同样以 Kookai 为例，其"你不过是我的玩物"系列广告中，女性均以大比例占据画面主要部分，男性则变成了小矮人般的玩物。如一幅平面广告中，一个化着浓妆的年轻女子站在自动售货机前，自动售货机里的"商品"是一个个玩具大小、不同外形风格的男人；女子穿着半透明的衬衫，衣领开至胸部下面，

---

① 苏红军、柏棣主编：《西方后学语境中的女权主义》，桂林：广西师范大学出版社，2006 年，第 241 - 243 页。

② 张广利、杨明光：《后现代女权理论与女性发展》，天津：天津人民出版社，2006 年，第 58 - 75 页。

③ 张广利、杨明光：《后现代女权理论与女性发展》，天津：天津人民出版社，2006 年，第 63 页。

露出红色的内衣，她正在思索，要买哪一个男人。广告仿佛在说，女性拥有了更多独立自主的权利，可以自主选择衣服和男人。但这些广告里的女性均是性感苗条的形象，与小矮人身材的男性对比，女性的身体反而成了特写。表面上男性被奴役和玩弄，实际上女性的身体被放大而置于男性凝视的目光中。裸露的身体、性感的身材、诱人的容貌，仿佛变成一种有力的工具，让好胜、敢说敢做的女人征服男人，获得"权力"。但是，这不过是消费文化的创造。它表达的是，在女性获得政治、经济上的解放后，哪怕是自愿成为性客体，也不用担心失去权力，而消费能使她们获得性感——这是女性的有力武器。[①] 这一类"女权主义"恰恰是被女权主义所批判的。

消费社会确实生产了更多商品供女性选择，许多女性有独立的经济能力来根据自己的喜好进行消费也是不争的事实，它也在某种程度上改变了女性不能展露自己的落后观念，然而这都逃不出福柯的"环形监狱"式的监视系统。大多数情况下，女性在消费的同时也在用男性的标准消费着自己。诚如鲍德里亚所说，一切在名义上被解放的东西——性自由、色情、游戏，等等——都是建立在"监护"价值体系之上的，消费所提供的自恋式的"解放神话"，抹杀了真正的解放。[②] 在消费主义竭尽全力开发女性身体的每一寸肌肤时，女权主义在此成了消费主义的一个市场，流行文化收编了女权形象，将其置于被凝视的状态下变成一道奇观。

（三）"女权"外衣下的后现代式戏谑

戏谑、反讽的话语方式，是后现代主义颠覆传统的常用方式之一，并为女权广告所用。对父权制而言，女性身体是男性欲望的客体，被父权制控制的女性，会为满足男性欲望而主动规训自己的身体。在后现代主义那里，女权主义反抗性别规训，成了一种戏谑、反讽。台湾"每朝健康"绿茶饮料电视广告《女杀手篇》是一个很好的例子：一年轻女子与男友分手42天后，穿着黑色风衣来到男友家门前，男友不耐烦地看着她，她突然敞开风衣，露出仅仅穿着比基尼泳装的身体，火辣的身材令男友猛流鼻血；在男子为分手后悔时，女子任

---

① 苏红军、柏棣主编：《西方后学语境中的女权主义》，桂林：广西师范大学出版社，2006 年，第 234 - 236 页。

② ［法］让·鲍德里亚著，刘成富、全志钢译：《消费社会》（第 3 版），南京：南京大学出版社，2008 年，第 130 - 131 页。

由他倒在地上痛苦地捶胸顿足，自己却自信地微笑着离开，拿出"每朝健康"绿茶饮料喝了起来，字幕上出现"鸣谢体脂肪杀手每朝健康绿茶，一天一瓶，连续六周，享受你要的好看"。该广告对身体的性别规训功能进行了游戏式的颠覆，女性利用完美的身材去刺激男性，原因是之前不完美的身材被男性摒弃，而在新的完美身材勾起男性的欲望时，她并不满足于此，而是转身离开，不让男性从自己身上得到满足，以此报复男性。

后现代女权主义者露丝·伊丽格瑞曾提出，在努力成为自己的过程中，女性可以把男人强加于女人的滑稽剧再用滑稽模仿的形式表达出来，由夸张强调这些形象以达到拆解阳具中心话语的效果。然而她也承认，模仿（mimicking）并非没有危险，模仿父权制给女性的定义以便颠覆它与仅仅是满足这一定义，二者的区别是不清楚的。在试图夸张地模仿父权制定义时，女性也许反被其支配。① 从文本来看，"每朝健康"广告中的女子是在颠覆父权制，而当整个广告的理念放到消费文化中去观照时，它无疑是劝诱女性：你想拥有让男人欲罢不能的完美身材吗？那么喝"每朝健康"绿茶吧。广告中女子主动向男子展现身材，反而是女性主动将自己向男性作了放大的展示，父权制对女性身体的规训，在看似颠覆的反讽中反被强调了。

再看意大利品牌 CANDY 洗衣机在中国用西方模特儿做的电视广告《男人被扔进洗衣机篇》：下班归来的女人看到男人在家把衣物满地乱扔，顿时火冒三丈，男人马上手忙脚乱（旁白：不仅仅是意大利的男人才会这样）；女人看到 CANDY 洗衣机，一把将男人揪住，连同衣物一起扔进洗衣机（旁白：也不仅仅是意大利的女人才可以这样）；按下清洗按钮，女人舒心地笑了；结尾为一个女人在 CANDY 标识下享受地张开双臂。女人洗衣服是父权制"男主外，女主内"的教条，中国没有发生过女权主义运动，而中华人民共和国的成立用一种宏大叙事的方式在某些程度上解放了中国女性，使她们的政治、经济地位与男性同等，但父权制在文化生活中仍然有着深刻的烙印，这也许是 CANDY 用西方模特儿表现来自西方的品牌与女权主义观念的原因。中国女人也可以像意大利女人一样把男人扔进洗衣机惩罚不做家务的男人，以示反抗，那为什么还要向女人兜售做家务用的洗衣机呢？将男人扔进洗衣机，不过是对他们想象性的惩罚，

---

① ［美］罗斯玛丽·帕特南·童著，艾晓明译：《女性主义思潮导论》，武汉：华中师范大学出版社，2002 年，第 298 - 299 页。

借着这种想象，女人得以从家务带来的劳烦中感到暂时的放松，所以——女人，还是买洗衣机吧，它能让你洗衣更轻松。

当然，不能否认这些女权广告在某种程度上能冲击传统的性别刻板形象，为新的性别陈述带来可能。然而，把这种广告当成是女权的体现，是不现实的。它既是广告劝服的一种话语策略，也是男权中心文化的隐性话语。

（四）男权隐性话语的诱惑辩证法

鲍德里亚晚期在《论诱惑》一书中，论述了后现代的消费社会中诱惑与权力的关系。"权力诱惑人"，但这并不是说权力的显赫地位吸引人，而是说权力恰恰是通过一种可逆性的挑战（如游行示威会对资本主义统治形成挑战，但它是收编在资本主义统治体系之内的被控制的挑战方式）来构成诱惑。"只有当权力重新变成一种针对自己的挑战时，它才具有诱惑力。"张一兵对此解释道：诱惑总是面向可怜的欲望伪主体的，诱惑即是对欲望成因的发现。[1] 女权广告体现的正是这种诱惑辩证法。男权制通过展现女权广告对自己的"困扰"，实则是为自己的权力正名。"征服男人"的女权形象吸引着女性，女性消费"女权"，貌似获得了话语权，对男性评头论足。然而，这样的女权主义者形象"永远不是也绝对不是文本的最终意义，这只是某些瞬间的碎片化的面孔，而根源仍然是消费文化逻辑的推动而非女性主义本身的发言"[2]。女权广告中被嘲弄的男性，是为了证明女性魅力强大，但女性是否有魅力，还是得靠男性去判断。不仅女性消费了这些"女权"形象，处于强势地位的男性也将其消费了——性感——具有致命诱惑力的女性形象，这不正是令男性欲罢不能的"潘多拉"式美女吗？真正占主导地位的实际是用"隐性话语"言说的男权文化，因为它们已经被人们当作自然而然的东西，在悄然不觉的情况下接受了它[3]——女性不过是可怜的欲望伪主体。

女权广告的创意虽有颠覆性、创新性，但它的平面化、无深度化，使得它"代替"女性所作的反抗沦为无力的、局限于文本的权力符号游戏，绝不会是

---

① 张一兵：《诱惑：表面深渊中的后现代意识形态布展——鲍德里亚〈论诱惑〉的构境论解读》，《南京大学学报》（哲学社会科学版）2010 年第 1 期，第 5－18 页。

② 吴菁：《消费文化时代的性别想象——当代中国影视流行剧中的女性呈现模式》，上海：上海人民出版社，2008 年，第 154 页。

③ 吴菁：《消费文化时代的性别想象——当代中国影视流行剧中的女性呈现模式》，上海：上海人民出版社，2008 年，第 154 页。

改变女性从属地位的动力。相反，还有可能通过这种娱乐化方式，消解了女权的革命性目标。对此，杰姆逊早有论述："如果真正有改变世界的欲望，那么必须进行革命，而广告最终导致的只是商业性目的。真正的革命不能在'想象界'里进行，广告正是把那些最深层的欲望通过形象引入到消费中去。"①

如同后现代主义本身不可能在消解旧有权力的同时建立新权力中心的悖论一样，后现代女权主义若是只通过"解构"的形式去"建构"女性话语，是不明智的。后现代女权主义受到的批评之一，就是被指责"逃离了真正的革命斗争，从游行、运动、联合抵制以及抗议活动中抽身而退，在精神花园里享受思维的乐趣"②。女权广告话语迎合女权主义，提供的也只是一种思维游戏的乐趣，如果要真正为女性争取政治权利、话语权，女权广告话语尚不值得女权主义者兴高采烈地张开双臂去欢迎与接受。

三、理想的广告女性形象

（一）"真实女性美"的广告困境

广告中的女性形象之所以大多都是美丽、苗条、年轻的，是因为 20~40 岁的女性是最重要的消费者群体，年轻、美丽则是人们孜孜追求的理想。"美丽女性"的理想，与男权文化早已形成不可分离的关系，女性要挣脱几千年来根深蒂固的男性眼光对自己身体的打量，可以说是比为女性争取政治权利更为艰难的事情。而在复制技术发达的消费社会，理想标准的产生更不可能由大众自己决定。在巴特的流行体系中，处于这一体系最顶端的是"流行神话"，消费者位于最底层。电视、报纸、杂志和网络等大众传媒，是"流行神话"的制造者。身体是被商家开发得最彻底的市场之一，而身体标准既会随潮流改变，又不可能让每个消费者达到标准。媒体所展现的理想身体几乎对每个人来说都是可望而不可即的，而媒体，尤其是其中的广告，还要喋喋不休地重复理想身体的标准，依然是为了将人们对身体的管理变成商业消费。"这样，标准已经变成

---

① ［美］杰姆逊著，唐小兵译：《后现代主义与文化理论》，北京：北京大学出版社，2005 年，第 223 页。

② ［美］罗斯玛丽・帕特南・童著，艾晓明译：《女性主义思潮导论》，武汉：华中师范大学出版社，2002 年，第 302 页。

了纯粹的想象，但是并没有因其只是想象而丧失其规范功能"①，媒体的作用反而使得理想身体的规训比以往任何一个时代都要强烈。

从 1995 年开始，美国的全国妇女组织（National Organization for Women）在妇女中发起了"爱你的身体"运动，号召女性接纳自我形象，抵制出现贬损女性形象的广告。这个运动认为，电影、时尚、化妆品和减肥行业都在努力让女性相信自己的身体是令人不满意的，需要持续不断的改进。广告把女性缩减为身体部位——嘴唇、大腿、胸脯，而这些部位又要经过涂涂抹抹和修改来达到根本不可能达到的标准。② 这是美国女性对那些生产所谓"理想身体"的广告的公然抵制。某些商家对此作出了积极回应，如化妆品品牌多芬。2005 年多芬开展了"真实之美"广告运动，对全球 3 200 位女性进行调查，多数女性认为自己长相"平平"或"普通"，只有 2% 的女性认为自己是"美丽"的。为了重新帮助广大女性提升自尊，多芬挑战令众多女性自卑的传统"美丽"标准，采用 97 岁的英国老妇人艾琳·辛克莱和其他几位普通女性作为多芬的广告模特，并让消费者到多芬的网站上投票评论这些模特的照片是"皱纹太多"还是"美丽极了"等等。③ 多芬这一系列广告获得了突破性的成功，尽管仍被指责有制造噱头的嫌疑、依然以性为卖点等，但采用普通人当模特，宣扬"真实之美"，是值得肯定的。

化妆品品牌 Olay（玉兰油）2008 年在中国所做的"中国式美丽"系列电视广告，也对女性真实的美有所表达。广告旨在发现女性多样化的中国式美丽，并将中国女性美定义为"包括传统女性美，以及现代新社会所赋予女性的一些新的特质，不仅仅局限于外表的美丽，还有年轻的心态，积极向上的精神面貌，乐观、正面的人生态度"，告诉女性："你美，而不自知。"其中《水篇》讲述的是一个女孩在终点等待参加摩托车比赛的男友到来，男友到达后，她将一瓶水倒在男友头上为他洗去疲惫，然后在回去的路上由她驾车，男孩坐在女孩的身后，一脸幸福，字幕是"水般温柔，水般刚强"。女性在这里展现的是一种不需男性来保护，反而能给男性带来依靠的既温柔又坚强的形象。Olay 这一系

---

① ［挪］拉斯·史文德森著，李漫译：《时尚的哲学》，北京：北京大学出版社，2010年，第 82 页。

② 李斌玉：《论广告业与女权主义运动的关系》，《山西经济管理干部学院学报》2007 年第 6 期，第 98 页。

③ 李斌玉：《论广告业与女权主义运动的关系》，《山西经济管理干部学院学报》2007 年第 6 期，第 98 - 99 页。

列广告虽然喊出了女性的精神之美，但还是无法逃出追求外表美的窠臼，如由其代言人、名模林志玲演绎的《瓷娃娃篇》，不仅大现林志玲的身材，更强调"洁净无瑕"的皮肤是"瓷娃娃"的必要条件。另一则"Olay与中国四亿女性的恋爱"的广告中，Olay又声称"美，从肌肤开始"。

Olay的自相矛盾道出了消费社会的事实——作为供女性用来涂抹在身体上以求外表更美的化妆品，不可能告诉女性：不靠化妆品来改造的美，是真实的美。因此，只能靠更加强调"精神美"来呈现女性的真实。即使是多芬，也不可能违背自己向女性推销美容产品的最终目的。而如何既不把女性美当作男性凝视的对象来呈现，又让女性愿意购买美容产品，成了一种话语策略，这是消费社会逻辑无法跳出的一个怪圈，也使得许多声称女性真实之美的广告难以走出玩弄文本符号的状态。毕竟，对于追逐商业利益的广告而言，起用长相平平的普通人当模特儿，不可能是一种"没有私心"的行为，也不可能是长久之计。当然，我们不能苛求只有非外表的美才是真实的美，也不能认为外表美是应被摒弃的，否则会走向另一种极端。可见，对女性美的追求以及如何宣扬女性的真实本真之美，在后现代的复杂语境中，也变得复杂、含混起来。

（二）女性的理想广告女性形象

曾有美国研究者做过调查，他们把所有妇女归为三种类型：传统女性形象（依靠丈夫生活的家庭主妇）、超级女性形象（有能力独自承担工作和家务）、平等女性形象（在外工作并与她工作着的丈夫共同分担家务）。调查显示，女性消费者更加认同使用平等妇女形象的广告，并对其产品产生比另两种形象更大的购买兴趣。[1] 另外也有调查显示，70%的妇女希望丈夫与自己共同承担家务，而不愿做包揽一切的女强人。[2] 显然，当今的女性并没有以打倒男性、成为超级"女强人"为目标。女权主义发展至今，认为女性应像男性统治女性一样去统治男性并从男性手中夺走权力的观点已是不切实际的。"理想的后现代女权主义提出一种新的以性别差异为基础的男女平等观来取代传统的、抽象的男女平等观。它认为，男性和女性的关系不是对立的，而是具有内在联系的，相

---

① 邹盛根：《西方女权主义运动与广告》，《现代广告》2001年第5期，第97页。
② 邹盛根：《西方女权主义运动与广告》，《现代广告》2001年第5期，第97页。

辅相成的和相互依存的伙伴关系。"① 大部分女性更喜欢"平等女性形象"，说明男女伙伴关系确实是值得追求的、富有建设性的关系模式。不再把男人都看作压迫女人的敌人，这也是女权主义从后现代主义汲取的合理思想。

四、结语

从以上分析可见，女权广告话语虽然是广告主动迎合女权主义的行为，受到女性一定程度的欢迎，但其中的"女权形象"并非女性最理想的广告形象；而展现女性真实美的广告话语，也尚未发展成熟。这些广告中的女性形象虽在一定程度上颠覆了传统的女性形象塑造方式，但仅是后现代文本中的嬉戏，并无实在的革命意义，女性被凝视的他者地位并没有被改变。后现代式的嬉戏与广告消费文化、女权主义夹杂在一起，使广告话语变得十分暧昧不清，女权主义试图建构女性话语的境况也变得极为复杂。

文中提到的女权广告案例和倡导女性"真实美"的广告案例，目前都还是碎片化的嬉戏式存在。如果要看到它们的可取之处，那就是毕竟它们开始向"消解"主流男性话语迈出了一步，为多元化的言说提供了生长的可能性。而对女权主义来说，更重要的在于，如何在这种"消解"的情况下，去建构女性的言说。广告话语无法脱离其强烈商业性和功利性的劝服逻辑，它与女权主义的结合如何才能变得更理性、更富有建设性，则是值得学界深入探讨的课题，也是需要业界勇于承担的使命。

（本节作者：杨先顺、潘莹耀。原文发表于《现代传播》2012 年第 2 期）

---

① 张广利、杨明光：《后现代女权理论与女性发展》，天津：天津人民出版社，2006 年，第 101 - 102 页。

第二节　技术异化中的人性残缺
——对当前网络广告的追问与反思

20世纪90年代网络广告作为一种崭新的广告形式而备受瞩目，人们为此高歌狂欢，欣然沉醉，并对网络广告寄予了莫大的希望，以为它能够彻底摆脱传统广告的不足，散发出令人神往的传播魅力。可事与愿违，面对一个个干扰我们阅读视线的插入广告和飘浮广告，面对电子邮箱里一堆堆广告垃圾，我们难以将鲜花和掌声馈赠给网络广告。我们必须反思：技术的不断进步为什么给受众带来的却是无趣和伤害？网络广告的症结在哪里？在网络这个虚拟世界中，人的尊严和人的价值何在？

一、网络广告技术异化与人的困境

"异化"的哲学含义是：人所创造的东西反过来又控制着、奴役着人自身。在人类文明的发展史中，人类经历了三次重大的异化。第一次异化可称为"货币异化"，货币本来是为了便于人们的商品交换而发明的一般等价物，而当货币获得了可以任意交换一切商品的权力之时，它便变成一种主宰人类的异己的力量，多少人为了金钱而丧失了人格的尊严，丧失了做人的良知，成为物质和欲望的奴隶。第二次异化即"劳动异化"，马克思在《1844年经济学哲学手稿》中对资本主义社会所存在的"劳动异化"现象进行了深刻的剖析和犀利的批判，他认为劳动异化使得"工人创造的对象越文明，工人自己越野蛮；劳动越有力量，工人越无力；劳动越机巧，工人越愚钝，越成为自然界的奴隶"[①]。第三次异化便是"技术异化"，技术本来是造福于人类的一种手段和工具，但由于人们对技术的过分崇拜，从而使技术成为主宰人类甚至危害人类的异己的力量，如克隆技术被用于克隆人，就会给社会伦理和社会秩序带来巨大的冲击与

---

① 马克思：《1844年经济学哲学手稿》，北京：人民出版社，1985年，第49页。

动荡。当人类文明的步伐迈进信息时代和网络时代的时候，我们却沮丧地发现在网络广告领域，"人性"遭到空前蹂躏，人的尊严遭到空前嘲弄，而人的价值和个性被淹没在数字化的海洋中。换句话说，丰富多彩而鲜活生动的人性被技术物化了，人之主体屈服于技术客体。具体而言，这种异化表现在如下几方面：

（一）暴虐的征服与无助的抗拒

在商业社会，广告传播的目的是直接或间接地促进产品的市场销售，于是广告传播的主体——广告主和广告人便理所当然地认定广告要协助产品占据市场，协助品牌占据人心。这是商业运作的逻辑，原本无可厚非。问题是当广告主和广告人不择手段、不顾受众的心理感觉，把广告信息强迫式地灌输给受众时，无论是广告主、广告人抑或是广告受众，他们健全的人格将受到残害，人性将受到强制性的扭曲。虽然到了网络传播时代，广告主和广告人有机会针对受众的不同个性实施一对一的沟通，但遗憾的是，广告主和广告人更多地将注意力集中到了网络广告的覆盖面和渗透力上，而把网络传播作为实施广告霸权的一种锐利武器。落后的传播观念与"先进"的技术手段恶意同谋，导演了一出出令人啼笑皆非的广告闹剧。某成人用品推销商竟然把成人用品广告放到大学的 BBS（论坛）上，BBS 虽是免费的，但大学生却必须忍受恶俗广告的"骚扰"。

其实，这里所谓"先进"的技术手段已异化为扼杀受众信息选择自由的帮凶。你要在网上搜寻有用的信息吗？你要与亲朋好友沟通信息吗？对不起，你得先被迫在网上看一些与你毫无关系甚至让你深恶痛绝的广告。正如著名诗评家谢冕教授所批评的，"它（指广告）甚至有力地、甚至是强暴地干扰着我们的正常生活"[①]。面对形形色色强暴式的广告，受众的抗拒往往是软弱的、无助的，他们在网络中没有获得真正的沟通自由与选择自由。

另一方面，对于广告的主体——广告主和广告人而言，他们只关心如何最大限度地将广告传递到消费者那里，如何最大限度地引发他们的行动。这里广告主和广告人虽然存在着分歧，但是他们都存在共同的"异化体验"，如弗罗姆所言，"人不是从自己是自己力量和自身丰富性的积极承担者来体验自己，而

[①]　谢冕：《承受广告》，《现代广告》2002 年第 6 期，第 62 页。

是自己是依赖于自己之外的力量这样一种无力的'物'，他把生活的实质投射到这个'物'上"①。不同的是广告主将产品作为主宰自己行为和命运的力量，所谓"产品本位主义"正是这种异化的具体表现，因而广告主就退化为缺乏人的丰富性和鲜活性的"经济动物"。而广告人则将广告主对广告的评价视为确立自我价值和主宰自己命运的外在力量，他们不能主宰自己和广告，却被自己创造的对象（广告）和自己创建的关系（与客户之间的关系）所主宰。在网络广告中，这种现象非但没有消除，反而大有蔓延之势。

（二）隐私的窥探与心灵的惊悸

不断进化的技术手段使得网络广告较之传统广告更具有易统计性。通过一些特殊软件，商家或网站能够轻而易举地收集到网民的网上行为与兴趣、爱好和习惯。据介绍，Aptex 可以通过考察用户的行为来判断其品味与兴趣爱好，StarPoint 可以无须用户最初输入，即可根据用户的网上浏览记录，建立起有关用户兴趣的情况图。② 为了设定目标消费者并与消费者进行个性化沟通，建立消费者数据库是一种行之有效的方法，而互联网的兴起和网络技术的发展又使消费者数据库的建立成了轻而易举之事。但令人生畏的是一些网站通过利诱的方式，在获得了网民的个人资料后，将它出售给有关企业，网民的隐私权无形中受到了严重的侵害。随着 AI、大数据、云计算等技术的快速更迭发展，移动应用平台所收集的消费者信息和隐私数据更加庞大多元。移动应用平台在获得消费者使用授权后，能读取消费者位置信息、电话联系簿、短信内容、通话记录等，还能打开消费者移动终端的话筒和摄像头进行录音和拍摄，并通过消费者移动终端发送短信、拨打电话等。2019 年移动应用"ZAO"使用 AI 技术，可以将用户上传的照片用影视剧经典桥段中主角的面孔替代。其用户协议涉嫌过度收集用户信息、隐私被工业和信息化部网络安全管理局约谈。人脸数据已经应用在手机刷脸支付、刷脸身份验证等场景中，人脸数据泄露会引发各种问题。这一现象说明网络广告如果缺乏必要的制约，就会异化为危及消费者信息安全、干扰消费者日常生活的外在力量，令消费者在惶恐和不安中战战兢兢地进行网上的信息交流活动。

---

① 王元：《弗罗姆"人性异化论"探析》，《马克思主义研究》1996 年第 4 期，第 83 页。
② 马文良等：《网络广告经营技巧》，北京：中国国际广播出版社，2001 年，第 123 - 124 页。

（三）物欲的膨胀与文化的失落

正当我们满怀信心去迎接网络传播的大潮时，我们却痛苦地发现：网络广告在传播内容与诉求方式上并未像人们期望的那样发生质的变化，甚至在某种程度上出现了"退化"现象，这主要表现在如下三个方面：

首先，"利益诱惑"被网络广告发挥到了极致。纵览国内著名门户网站的网络广告，出现最多的当数产品促销广告，即以各种小恩小惠来诱使受众点击，如买一送一、免费试用、折价优惠、有奖销售、网络游戏等。而传统媒体（特别是电视媒体）中时常出现的品牌形象广告却难寻踪迹，似乎网络广告的唯一目标就是争夺受众的"眼球"。还有一些网络广告采用性暗示、性诱惑的方式来吸引受众的注意和参与，如某品牌黑色卫生巾广告，画面是一位男士，用挑逗性的语言鼓励受众去点击，点击一下男士即脱掉一件衣服，直至最后在关键部位出现该产品。这些赤裸裸的"利益引诱"或"欲望挑动"广告因为有了网络的互动性与参与性，其负面效应较传统媒体更加严重，它激活了受众原生状态的生理欲望和心理欲望，使商业社会的物欲得到进一步膨胀。当人成为自己欲望的俘虏时，就会导致"人性失衡"现象的产生。有学者认为："人性是由生存欲、占有欲、责任心、情爱、性爱、同情怜悯心、归属感、惰性、妒忌心、报复心、爱美之心等多种要素所构成的实体。与生俱来的人性诸要素之间的关系，就像大自然诸要素之间的关系一样，是互相依赖、互相制约、互相平衡的，且具有趋于平衡的潜质。"① 但是当外在环境激活并助长人性中的消极因素时，人性中的积极因素便会受到抑制，人性就会失衡，人便会丧失自己的人类本质成为"非人"。由于目前网络广告中"利益诱惑"的传播氛围未能得到有效的净化，因此我们对其造成人性失衡的隐患不能掉以轻心。

其次，目前大多数网络广告忽略了（或是有意淡化了）广告的文化意蕴和文化责任。相对于传统媒体的广告，网络广告的文化底蕴显得较为浅薄（尽管传统媒体广告在文化把控上也存在一些失范现象），网络广告往往是被动地去响应时下流行的商业潮流，而缺乏对传统文化和现代文化精髓的借鉴和运用，所以传统媒体中的经典之作所体现出来的文化意蕴，在现在的网络广告中却难寻踪迹。例如百年润发电视广告中所表现的中国人白头偕老、至死不渝的爱情观，

---

① 唐雄山：《人性与人性平衡初探》，《佛山大学学报》1998 年第 1 期，第 53 页。

孔府家酒电视广告所体现出来的家园意识，还有雪花啤酒平面广告所表现的对平凡生活的感悟，在网络广告中却都难以找到。或许有人会把这一切归咎于中国目前网络广告创意水平不高，或者干脆认为这是由网络媒体的特性所决定的。但我们认为，最根本的原因在于网络广告尚未产生寻求文化意蕴的自觉，尚未承担起自己的文化责任，网络广告的兴奋点仍在于以物欲诱发人的关注上，仍在于用技术手段来操控消费者上。

值得一提的是，在国内各种商业网站中，我们很难发现在传统媒体上经常出现的公益广告，这是目前国内网络广告的一个重大失误。当然我们也看到一些好的苗头，如在中国广告网开展的"抗非典"公益广告大赛活动。其实在网络上做公益广告的潜力是相当大的，从主题上看，它不仅可以表现常规性公益主题（如环保、社会公德等），而且可以表现与网络道德相关的主题（如打击电脑黑客、维护网络安全等），而后者更能体现出网络广告对网络自身的文化责任，然而奇怪的是，无论是广告主还是广告人，对此都视而不见。专注于"物"，而非专注于我们人类自身的命运；关切商品，而忽略了对人的终极价值的关怀，这不能不说是网络广告中人性的残缺。

最后，从诉求方式看，传统媒体中常用的情感诉求在网络广告中似乎沉寂了。在网络广告中，我们难以倾听到那情意缠绵的诉说，难以感受到那刻骨铭心的体验，难以欣赏到那令人震撼的画面，难以领略到那荡气回肠的抒怀。或许在一些人看来，网络广告不过是信息爆炸时代的一道信息快餐，供需要的人了解一下信息就可以了，他们不会去细嚼慢咽，品味其中的情感价值。但是我们认为，如果照此思路运作下去，网络广告就会出现令人难堪的恶性循环：一方面网络广告的创作者不愿冒险尝试一些富有诗性、凝聚真情的广告；另一方面网络广告的接受者也以既有的思维定式去阅读网络广告，甚至认为网络广告的情感是虚幻的。当网络广告失去了最能与受众沟通的情感基础时，网络广告的传播效果便可想而知。

（四）虚拟的幻象与价值的涵化

即使在那些暂时能给我们梦想和承诺的网络广告中，我们果真能获得我们期待已久的人性的完美吗？网络世界是一个虚拟的世界，在这里，形形色色的人与物进行了各种各样的伪装，而广告则被伪装成善于洞察消费者内心渴望的天使。但我们果真如广告中所说，拥有了某某手机，就拥有了一个时代吗？订阅了短信笑话（多数是"黄段子"），就拥有了生活的快乐吗？驾驶着某某轿车，就步入了某个阶层吗？回到我们的现实世界，我们发现"此物"仍然是"此物"，而非负载着我们梦想的"彼物"。可见网络广告符号所构造的消费世界与现实的真实世界相去甚远。这里广告与网络互为工具：是广告在粉饰着我们的生活，是网络在虚构着我们的幻想。

　　而一向被奉为实现了"地球村"神话的全球化网络传播，却给我们带来了价值的涵化。"涵化"（acculturation）是文化人类学和社会学的一个重要术语，它是指"通过某一文化的个人或群体与另一文化群体的信息交流，一方或双方原有的文化模式发生演变"① 的现象。在西方文化处于话语霸权的时期，西方文化对东方文化的影响与控制，远远超过东方文化对西方文化的影响。在经济领域，世界著名跨国企业往往凭借其财力的优势，利用广告的强势传播在发展中国家既输出了产品，又输出了西方国家的价值观念和生活方式，对发展中国家年青一代的思想与行为造成了巨大的影响，使他们更倾向于用西方的生活形态作为自己的生活目标，更倾向于用西方的价值观念来界定自己的人生观，从而淡忘了哺育他们的母体文化。

　　网络广告造就价值涵化的途径有两种。一种是"走过来"的方式，这些跨国企业选择当地有影响力的网站，发布具有本土文化亲和力的广告，将其产品信息与价值观裹挟在"本土化"的外衣里，传达给当地的消费者。从这里我们可以看出这些跨国公司所标榜的"全球化战略，本土化执行"的口号的实质——"本土化"仅仅是一种包装和形式，而最核心的价值理念却是原封不动的（或是全球通用的）。所以耐克运动鞋尽管在不同国家有不同的广告创意，但其倡导的核心价值观"Just do it"（一种自我张扬、我行我素的美国人的价值观）却始终不变。另一种是"请进入"的方式，即让别的国家受众直接进入这些企业自己的网站中，这样它们就可以完全剥去"本土化"的伪装，让他国受众改变自己的文化模式，以适应它们的文化模式。价值的涵化使人性中的文化积淀被强迫消解，使人性中的母体文化根基被切断，这样的人性无疑也是残缺的。

---

　　① 徐朝、王舟：《从非言语语看涵化与英语教学》，《武汉科技大学学报》2002 年第 2期，第 45 页。

二、网络广告技术异化的救赎之道

面对当前网络广告中的技术异化倾向，我们必须毫不犹豫地举起人本主义的大旗，对网络广告的传播理念和说服模式进行人性化的重塑。

首先，我们必须彻底摒弃广告传播领域干扰式传播的传统，确立许可式传播的新理念。在广告学术界，有学者认为：20 世纪广告传播理论实现了"以产品为中心"到"以消费者为中心"的飞跃。① 我们认为，从过程看，虽然 20 世纪 60 年代的创意革命和 70 年代的定位理论已建立了以消费者为中心的广告传播观念，但这些理论与实践只注重在"诉求"和"表现"上体现消费者中心观，而忽视了在"接触"和"沟通"上也应当坚持消费者本位的立场，因而不够彻底。1993 年美国著名广告策略家舒尔兹、劳特朋等人提出了整合营销传播理论，认为传统市场营销中的 4P（product、price、place、promotion）应被 4C（consumer wants and needs、cost、convenience、communication）所取代，其实质是将消费者本位观贯彻到各种传播手段当中。1999 年雅虎直效行销副总裁塞思·戈丁在《许可行销》一书中提出了"许可行销"的主张，认为传统行销的特征是"干扰行销"，其弊端在于"推销任何产品，都是要打断阅听人手头上的事，将他们的注意力转移到所推销的商品上"②。而"许可行销"是在得到消费者许可的情况下，再与消费者进行深度的个性化的沟通与互动。"许可行销"把"许可"作为一项资源，"使陌生人变成朋友，再把朋友变成终身的顾客"③。我们将"许可行销"理念引入广告传播领域，称之为"许可式传播"，即在得到受众（或消费者）许可的前提下，对他们进行广告传播。

至此，我们可以把消费者中心观贯彻到与消费者"接触"与"沟通"的先决条件中，即广告传播不但要考虑到消费者对某个产品是否有需求，而且要考虑到消费者对广告本身是否有需求。许可式传播的本质是传者对受者人格的尊重和认同，是传者对受者人性的体察与关怀。相对于传统媒体，网络媒体在实

---

① 阮卫：《20 世纪广告传播理论的发展轨迹》，《国际新闻界》2001 年第 6 期，第 71 页。
② ［美］塞思·戈丁著，罗美惠、马勤译：《许可行销》，北京：企业管理出版社，2000年，第 26 页。
③ ［美］塞思·戈丁著，罗美惠、马勤译：《许可行销》，北京：企业管理出版社，2000年，第 47 页。

践许可式传播的理念时具有得天独厚的优势（它可以进行一对一的征询），而唯有树立这种理念，才能为网络广告开辟一个崭新的天地。

其次，必须彻底改变网络广告中"利益诱惑"的说服模式，增加网络广告的人情味和人文气息，夯实网络广告的文化根基。纵观古今中外各种广告的说服模式，不外乎有如下几种：一是以利诱人，即以产品的物质利益诱人上钩，这种模式的商业色彩很浓，因而容易引起消费者的反感；二是以理服人，即以详细的论证说理，劝说消费者购买自己的产品；三是以情动人，即通过真实、真诚的情感打动消费者的心灵；四是以义撼人，即用道义的力量、正义的力量、文化的力量，唤起消费者的责任感和使命感，引发消费者的价值认同；五是以美怡人，即以艺术的美感陶冶消费者的性情。如前所述，现在网络广告的重心落在以利诱人的方式上（至多加一些以理服人的方式），结果导致物欲的泛滥甚至人性的残缺。要改变这种状况，必须营造网络广告的情感氛围和审美情趣，奠定网络广告的民族文化和世界先进文化的根基，丰富网络广告的文化意蕴。这就要求网络广告的发布者和创作者具有博大的仁爱之心、强烈的文化责任感和卓越的审美意识。

综上所述，我们认为网络广告传播重要的不是技术崇拜，而是深邃的人性开掘和浓郁的人文精神。

（本节作者：杨先顺。原文发表于《现代传播》2005 年第 2 期，有改动）

第三节　争议广告的话语分析

随着网络的推动，广告和不同文化的碰撞与互动日益频繁。广告既要充当商业宣传的经济角色，又要肩负一定的社会职责，同时还要受到来自文化、道德层面的限制。正是角色与利益间的内在冲突导致越来越多的广告引发了争议话题。如蒋雯丽所代言的某化妆品广告的"乱伦"之争，丰田汽车广告的"狮子门"事件，等等。这些都需要从学理的高度进行审视和剖析。

相对如今"现象性批判"的主流方法，理论性分析更为重要，而话语分析则是理论性分析的新视角和新途径。话语分析除了善于在静态话语成品和动态话语过程①间实现自由互动，其对语境作用的透彻分析也符合广告实践的真实情况，适用于这种高度开放的创新语体。本节试图从话语分析的角度揭示争议广告的话语机制。

一、隐含交际：争议广告的话语背景

话语分析的一个重要的层次是"对交际过程意义传递的动态分析"②。作为一种实用性语体，广告话语一直力求着笔言内、着眼言外，并最终着力于言后，促成消费行为。但随着消费心理抗性和广告自身规模的增长，这种隐含交际的传播行为愈发变得随意机巧，越来越多的广告人都在试图破坏旧的语言环境，建立新的认知语境，以求达到"创异"目的。

争议广告的问题恰恰就在这里。

作为广告话语的一种普遍现象，隐含意义的广泛存在为争议提供了可能。相对明示意义，隐含意义的不定性具备更大的创新空间，但因认知语境的不同，导致冲突的概率也不断上升。

现今广告人和消费者的心理交流，不仅是多向的、隐含的，还是多变的。在这种具有争议的隐身术下，对争议性的探讨就必须溯本逐源，从文化语境上寻找根本。

有学者提出，广告话语意义一般分为销售意义（营销意义）、符号意义和社会意义三个部分（见图2-1）。③ 抛开对产品功能性质进行信息组织的销售意义（劝服性构建），后两种意义基本上可以涵盖隐含交际的全部。

再比较符号意义（附加意义的构建）和社会意义（依附意义的集显），前者依赖于话语间语境的作用而实现，后者依赖于社会文化语境（历史语境）的作用而实现，两者综合，就生动再现了意义创新从转移到依附的全过程。④

---

① 李月娥、范宏雅：《话语分析》，上海：上海外语教育出版社，2003年，第10-11页。
② 李月娥、范宏雅：《话语分析》，上海：上海外语教育出版社，2003年，第5页。
③ 刘泓：《电视广告传播的"意义依附"特征》，《中国地质大学学报》2009年第2期，第108页。
④ 刘泓：《电视广告传播的"意义依附"特征》，《中国地质大学学报》2009年第2期，第108页。

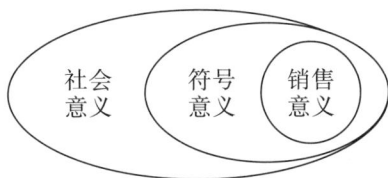

图 2 - 1 广告话语意义系统结构

无论是对个人资源的开发，还是公共资源的挖掘，意义从转移到依附的累积，都是一段隐含于内心的交际和博弈。

尤其是中国这种高语境民族，人们在交往时更看重"语境"而非内容①，因而误读就在所难免。体现在广告话语当中，由于隐含意义的不确定性和理解上的语境依赖性，就使得本土广告往往创意不多却争议频频。请看下例：

2010 年武昌某公交车户外广告上登出这样一幅海报：引人注目的香艳美女，配上醒目的"美女寻'郎'记"广告文案。自投放市场后，每天都会接到三四个年轻男士的电话，询问是否有美女征婚，而实际上这是一条灭蟑螂广告。②

为了避免蟑螂画面带来的不适感，广告创作者采用了比较隐晦的表现方法，利用谐音关系，以"郎"代替"螂"，但是由于文本语境（画面和文案"美女寻'郎'记"）的诱导，致使很多人产生误解。显然，这则广告的销售意义（销售蟑螂药）和符号意义（美女寻"郎"的浪漫感）、社会意义（美女征婚的话题性）是完全脱节的。它既无良好的促销效果，也无积极的社会效应。

二、无心抑或故意：争议广告的话语形成方式

隐含交际只是争议广告出现的话语背景，它使争议广告的出现更有可能性，但直接引发广告争议的却是一些具体的方式。

---

① 杨世铭：《高语境广告特点及其跨文化传播策略》，《郑州大学学报》2009 年第 5 期，第 166 页。

② 肖腾：《"灭蟑螂"广告香艳诱惑大批男士误认美女征婚》，《重庆晚报》，2010 年 7 月 22 日，http://www.cqwb.com.cn/NewsFiles/201007/22/20101422121422373583.shtml。

尽管争议广告形式多样，但如果从产生的话语诱因来看，可以归纳为如下几种形成方式：①无意的歧义事故；②故意的擦边球术；③不定的环境变数；④不适的心理反射。上述几种情形有可能同时出现在某一争议广告中。

（一）无意的歧义事故

传统文化的"礼"与"孝"一直是本土广告感性诉求的重要依据。2006年，蒋雯丽代言的一则化妆品广告引发的伦理争议就是缘起于这类创意。考虑该产品的功能诉求，应属无意制造的歧义结果。

蒋雯丽扮演的"妈妈"和幼小的"儿子"有如下对话——"妈妈，长大了我要娶你做老婆。""什么？""我长大了要娶你。""那爸爸呢？""我长大了，爸爸就老了。""母子"拥抱在一起。"儿子"又说："妈妈永远也不会老！"这时出现画外音：×××修护系列产品让妈妈永远年轻。[①]

由于角色元素在不同人的心理空间整合成了不同的话语情景，结果表示支持的人构想的关键词是天真无邪，反对的人构想的关键词是母子乱伦，而广告人原本构想的关键词是青春不老。

人们各依所想，对广告进行了不同的话语解构和意义重组，由于乱伦焦点的话题宰制，使得原本对母爱的强调渐次变味，意义转移终未实现，高语境文化的敏感和强势让意义传播早早断裂，立足"青春养颜，母子情深"的意义依附也无从谈起。

（二）故意的擦边球术

在很多广告人眼里，承载巨大风险的曝光度就是制胜法宝。因为"眼球优势"得益于依附对象、靠近风险目标而刺激关注，往往真能险胜一招。所以擦边球也成了争议广告的一大招数。

2010年，索尼借法国队在世界杯足球赛中的铩羽而归，投放新产品 PS 系列广告——海报以断头雄鸡为宣传主角，并辅以广告文案"game over"，其炒作

---

① 松木：《蒋雯丽争议广告不会停播，广告人疑是"圈套"》，搜狐文化新闻，http://cul.sohu.com/20061011/n245730554.shtml，2006 年 10 月 11 日。

的动机显而易见。企业方本意是法国队出局，某些玩家就不用熬夜，可以继续玩 PS3 的实况足球游戏，在虚拟王国成就杯赛梦想。[①]

然而对法国而言，雄鸡无疑是高敏感意象。索尼只顾己需，无视法国人、法国球迷及相干受众的心理感受，难免被疑落井下石。所以说这种创意赢了眼球，却输了民心。

2019 年"新氧"的医类广告"女人美了才完整"，从企业"追求美丽"的角度去看，该案似与第一类相同，但实则不然。因为，蒋雯丽代言的广告至少有童言无忌的生活经验，大多受众有类似体验，可以体谅其广告意图，但"雄鸡斩首""女人美了才完整"则跟民族忌讳、社会陋习紧密联系，这种文化暗示暧昧度过高，不用细想就可领悟，显然故意。

这类广告，虽然广告创作者有意制造某种幽默效果，但负相关的"创意依附"有悖常情，往往会落入"千夫所指"的尴尬境地。

（三）不定的环境变数

环境变数隐藏在目标群体文化和社会时事动向中。前者是静态文化语境，后者是动态社会语境。

静态争议往往通过物象间接诱发，从 2003 年丰田广告"狮子门"风波、2004 年立邦辱华广告"龙门"事件、耐克广告"恐惧斗室"到 2018 年杜嘉班纳"起筷吃饭"等，都是忽视文化语境要素引发的。

标志性符号带有民族情感，绝非简单物象，而是群体精神的寄托。创意人不知或无视这些要素，就可能触犯忌讳——丰田本意是要立足"霸道"内涵，借力公共资源（石狮子霸气）的共同文化认知去实现意义嫁接，却忽视了另一种民族情感和企业本身的文化芥蒂，它们同属公共资源。

当广告方过多注意利己资源，而忽视了文化语境的多面性，风险因子就顺势累积，加之媒体推波助澜，负面情绪便恶性蔓延。"狮子门"表面上是某则广告的民意失控，实则是广告创意者对固有文化语境的漠视。

而动态社会语境引发的风波则主要来自整体环境的不可控，有时会跟静态语境产生交互作用。例如，2018 年杜嘉班纳"起筷吃饭"的广告展示小眼睛的

---

① 《雄鸡被斩首，索尼争议广告招致法国玩家强烈不满》，多玩游戏 PSP 掌机频道，http://psp.duowan.com/1006/141414407668.html，2010 年 6 月。

亚洲女性模特使用筷子食用西方食物，演员、配音、表演等被中国消费者质疑在侮辱与丑化中国文化。杜嘉班纳辱华事件余波未平之际，ZARA 推出全新彩妆系列广告采用了有雀斑的中国模特又被推上风口浪尖。部分网民认为模特不够美，断定 ZARA 是跟杜嘉班纳一样在丑化中国女性，并在网络上发起抵制活动。相反，有些网民则认为真实但是有缺憾也是女性美的表现，并未涉及辱华。官方媒体发出"辱华概念不应滥用"的呼声后，事情才渐渐平息。

虽然未来有许多不确定因素，但考虑到政治、经济、文化向来错综复杂，广告主和广告创作者应从消费者的民族情感出发，防患未然，作有预见的控制。

（四）不适的心理反射

2010 年，同样有一则灭蟑螂广告，它采用了动画模拟：一个美女清扫房屋，另一些胖女胖男扮成蟑螂被集体灭杀。尽管广告活泼有趣，但这种角色设置难免让人——特别是肥胖人群产生对号入座的负面联想——广告似乎就在传达这样一种美丑标准。

无论动机怎样，这种潜在的歧视都该避免。毕竟，很多时候，相比故意作为，无意的歧视对受众的伤害更大（有苦难言）。

再如 2008 年红遍网络的北京地铁站的汽车广告。其标题为"挤吗？去买辆车吧！"交通拥堵一直是城市心病，广大市民备受其罪。所以看到该广告，多数人认为此语暗含对挤地铁者的歧视。广告方或许是想借真实感受为噱头直接宣传，却未设身处地地从当事人及其购买力的角度出发，极大伤害了受众自尊。

这种想当然的"有效诉求"忽略了整体语境的人性互动，自然无法达到良好的传播效果。好广告不仅让人产生购买欲，还要给人带来愉悦感。

三、高语境文化：争议广告的文化动因

对于文化语境这把双刃剑，以往分析多半止于文化系统对广告创意和认知习惯的影响，但国内广告争议不只在于语境本身对广告话语存在既定影响，还有不同语境文化对广告创意的地域制约性。

美国传媒学者霍尔曾提出高语境传播与低语境传播之说。[①] 高语境传播（HC）指的是，在传播中绝大部分信息或存于物质语境里，或内化在个人身上，极少存在于编码清晰的被传递讯息中；低语境传播（LC）则正好相反。

东方社会多属高语境文化，中国就处于高语境文化的顶端。这种环境为"关系"型思维的中国式解读奠定了习惯基础。

而关联技巧的应用又是广告创意的最重要依据。由于关联是理解实现的重要条件。从创意主旨出发，广告话语一直都致力于寻找最佳关联，这种关联资源一来可使广告内容与传播对象构建生动联系，激发创意联想；二来可借力特殊关联吸引主动介入，达到深度传播的效果。而共同的认知语境（见图2-2）[②] 则保证了关联的有效发挥。

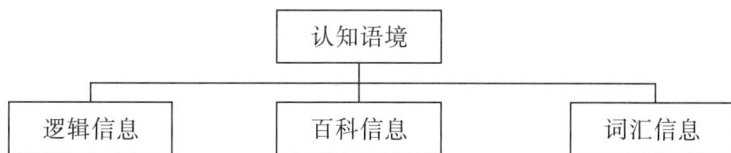

图2-2　认知语境构成

如微软鼠标广告："按捺不住，就快滚！"

（1）"按捺不住"本身词汇暧昧，理解因人而异，字面就是"控制不住"。（词汇信息）

（2）"滚"在此句中看似粗话。（词汇信息）

（3）这是滚轮创新鼠标的广告。（情境信息，可归入百科信息）

（4）鼠标有轮可滚，点击累了、烦了可滚动滑轮进行控制或消遣。（百科信息）

（5）"滚"还有滚动之意，这是鼠标广告，此处应是谐音双关的正话反说。（百科信息＋逻辑信息）

（6）滚轮鼠标带来功能新享受。（逻辑信息）

遵循这条思路，最佳关联才可能顺利实现。

然而，完全对等的信息传播并不存在。

广告人在信息加工中，虽遵循关联原则的语用标准，使意义构建尽力符合目标认知能力，但因受众的立场思维和心理惯性，导致关联的逻辑归宿可能背

---

① HALL E T. Beyond culture. New York：Double-Day，1976：81－83.

② 陈香：《关联理论与广告效果》，《云梦学刊》2002年第1期，第114页。

道而驰。

典型如蒋雯丽代言的化妆品广告案例，在差异认知语境下，人人都有不同的心理空间映射习惯（或倾向），同一广告在不同人看来，或许会据当时、当地或既定经验构建起完全不同的情景。再如：

2003 年，雕牌天然皂粉一改往日爱心路线，而玩起了"心跳"词语——你泡了吗？你漂了吗？……雕牌天然皂粉，泡泡漂漂亮起来！

企业方的答复是起初推广时，吸收了专家建议，认为洗衣粉需要在水里浸泡，因而提炼出了这样的广告词，以至于使人误解，但误解绝不是公司的初衷。①

然而，令人遗憾的是尽管企业作了种种辩解，但也不能阻止某些受众根据个人的认知语境（这是一种超越文本的语境）对广告进行自己的解读，认为"泡"和"漂"传达了不健康的信息。我们认为，企业有责任和义务避免受众对广告产生不良的联想。

互文性理论也强调，一个广告话语的意义会受到其他话语的影响。在高语境习惯里，根深蒂固的文化语境和大众的约定俗成，让某些字眼成为高敏感触发器，一旦启动，不可阻止。这便是最深层的语境隐患——高语境文化的强势导读。本质上看，创意过程就是多方思维（广告主、广告人、消费者）博弈的整合，但因高语境文化的强势引导，中国社会又处于转型期，各种文化交相呼应，前沿创意者又易与大众思维脱节，这样就容易造成创意者编码和接受者解码之间的断裂。

总之，文化语境既有个性，又有共性。既然社会价值要以人为本，那么细分的就不只是市场、产品和消费者，还有大众文化心理素质。而广告创作者要减免争议，就不能顾此失彼。尤其面对日益频繁的跨文化国际传播，创意要求就需更加严谨、细致。广告创作者既要杜绝有意误导受众的广告，也要力求避免广告在特定的语境中被误读。

（本节作者：杨先顺、程曼欣。原文发表于《新闻界》2011 年第 1 期，有改动）

---

① 《雕牌皂广告打色情牌？"泡泡漂漂"广告停播》，搜狐财经频道，http://business. sohu. com/19/18/article214221819. shtml，2003 年 10 月。

第四节 房地产广告的炫富现象探析

中国当代房地产广告常以"豪宅""皇家园林""贵族"等为卖点,《瞭望》杂志一篇漫画杂感曾指出这种"满眼尽皇宫,遍寻无民宅"① 的现象。那么此类广告在中国的现状如何?它的出现根源究竟是什么?本节将展开探讨。

一、文献综述

在国外,此类广告被视为"迎合消费主义",具有浪费社会资源的负面影响,但在中国的现实语境里,中国当代房地产广告"炫富""显贵"的现象却不仅有这一种解释。

在国内,各界学者对此类广告现象均有所关注,大部分认为此现象的产生应归咎于地产公司、媒体和广告公司所运用的各种炫富策略。此外,有学者运用"中产阶级"概念解释这是一场"中产阶级"的"造星运动"②;也有学者从房地产发展历程及特点切入,认为此现象是当前广告表现的误区之一③,却未探讨其本质和根源;有学者从消费主义的角度分析,认为这是房地产广告存在的消费主义倾向④……然而,目前国内外剖析中国"炫富""显贵"房地产广告现状及根源的研究仍较少。

二、中国房地产广告的炫富现状

"炫富",顾名思义为炫耀财富,即以具有财富能力的群体的衣、食、住、

---

① 桃源:《皇宫与民宅》,《瞭望》2007 年第 21 期,第 5 页。

② 谭嘉:《"家园"中的中产阶级——房地产广告中"中产阶级"形象的研究》,北京师范大学硕士学位论文,2005 年。

③ 陈秀华:《当前国内房地产广告的误区及其二维批判》,暨南大学硕士学位论文,2005 年。

④ 戴世富、王维:《房地产广告中的消费主义倾向研究》,《当代传播》2011 年第 2 期,第 104 页。

行等行为方式为风向标，通过效仿他们来彰显自身财富能力，从而向原有的、公认的财富群体靠拢，使自身与其他财富实力较差的群体相区别。中国具有"炫富"的历史渊源。在古代，炫富之风和中国封建社会密不可分，首先，皇亲国戚中盛行偏好奇珍异宝金银财富等的奢侈之风，其次是封建时期民间富商通过效仿该类作风，从而向皇亲国戚的生活方式靠拢；在近代中国，受西方封建及资本主义等文化入侵影响，租界、殖民地的中国富人争相模仿西方皇室或商人的穿着、生活习惯，使中国炫富思想出现崇洋媚外的端倪；而在当代中国，无论"本土"还是"舶来"的炫富思想皆仍存在，且更多的炫富行为主要表现为对西方皇室贵族生活方式的崇拜。因此，任何通过效仿"中国封建皇亲国戚"或"西方封建皇室贵族"的形象、生活方式以达到显示财富能力目的的行为都可界定为炫富，这类行为也存在于中国当代房地产广告策略中。

本节所指的"炫富广告"为利用"中国封建皇亲国戚"或"西方封建皇室贵族"的形象、生活方式宣传商品或服务的一种促销手段；"炫富主义房地产广告"指由房地产开发商、中介服务机构或房地产权利人在中华人民共和国范围内发布的，以房地产项目预售、出售、出租、转让以及商品房品牌形象宣传为目的，通过文字、影像、图片或声音等方式，直接或间接地表现上述两类人物的形象、生活方式的广告。若房地产广告的文案、图片或影像等元素中，任一项包含可直接或间接呈现"中国封建皇亲国戚"或"西方封建皇室贵族"的形象、生活方式的内容（如图片或影像直接反映皇室物品、奢侈品、富人生活场景，或文案包含"至尊""豪宅""上流""皇家""高度""俯瞰"等词语）即可被界定为炫富房地产广告。

可从平面广告的图片和文案两方面界定一则报纸广告是否为炫富广告。为阐明上述"炫富房地产广告"定义，笔者收集了2012年2月《广州日报》和《羊城晚报》刊登的广告并随机抽取一天的房地产广告为样本，最后析出"富力·君湖华庭"①和"保利·西海岸"②两则炫富房地产广告，并以此为据进行界定说明。

"富力·君湖华庭"广告在图片和文案中皆呈现了"炫富"诉求：高价轿车行驶在红地毯上的图片包含"豪车""红地毯"等彰显财富能力的典型"西

---

① 《羊城晚报》，2012年2月24日A13国际版。
② 《广州日报》，2012年2月24日A5广告版。

方资本家生活方式"元素；广告文案"奢藏豪宅的气质，唯有独具慧眼方可品鉴"旨在塑造楼盘的豪宅形象和购买者的非凡财富能力。因此，"富力·君湖华庭"广告可被界定为炫富房地产广告。与之稍有区别的"保利·西海岸"报纸广告则没有呈现具有炫富诉求的图片，但其文案正文却出现"西方资本家生活方式"的炫富内容——"我的迪奥，你的奥迪，孩子的奥利奥"。"迪奥""奥迪"皆属当代中国被广泛认可的奢侈品牌，该文案把楼盘的目标受众塑造为使用奢侈品的群体，故"保利·西海岸"广告也可被界定为炫富房地产广告。

通过记录和整理《中国优秀房地产广告年鉴 2011 NO.8》[①] 所收集的炫富房地产广告（内容包括楼盘所属区域、楼盘名称及出现的炫富广告内容等），笔者发现炫富房地产广告的数量占该书所有收录广告的18.3%；这些炫富房地产广告所促销的楼盘广泛分布于中国东北、西北、华北、华南、华东、西南等地区。此外，在《2010 房地产广告年鉴（精华本）》[②] 也发现较多的炫富房地产广告，可见近两年中国房地广告的炫富现象屡见不鲜。

无独有偶，此前戴世富和王颖在分析《京华时报》《新民晚报》《广州日报》和《楚天都市报》的房地产广告时也发现彰显"社会地位"、崇洋性与享乐主义的炫富广告，这些房地产广告占其样本比例高达37%。[③]

综上所述，房地产广告炫富现象在当代中国确实存在，并且遍布大江南北，已由涓涓细流汇聚成一股强大的潮流。这必须引起广告管理部门和学界的高度重视。

三、中国房地产广告炫富现象产生的原因分析

（一）中国当代炫富思想根源

历史形成的炫富思想在中华人民共和国成立之际并未立即消失，而是继续影响当代中国人民的思想；加之，西方文化进入中国，随之而来的西方炫富消费主义思想与中国历史遗留的炫富思想共同影响当代中国人民的消费观念，所

---

① 张先慧主编：《中国优秀房地产广告年鉴 2011 NO.8》，天津：天津大学出版社，2010 年。

② 欧朋文化、黄滢主编：《2010 房地产广告年鉴（精华本）》，武汉：华中科技大学出版社，2014 年。

③ 戴世富、王颖：《房地产广告中的消费主义倾向研究》，《当代传播》2011 年第 2 期，第 105 页。

以无论房地产商、广告经营者、广告发布者还是广告受众，皆受两种炫富思想的影响，从而策划、制作、传播以炫富为主要诉求的广告。

1. 历史遗留的炫富思想

经过十年"文革"，过去的炫富思想（即封建时代产生的崇尚皇亲国戚奢华作风的思想和近代中国产生的追求西方国家奢侈消费的观念）对新中国人民思想的影响有所式微，却未因此绝迹。意识形态"一旦被其他的、归根结底是经济的原因造成了，它也就起作用，就能够对它的环境，甚至对产生这的原因发生反作用"[①]，尽管时代变迁，意识的发展也将永远滞后于经济基础和社会上层建筑的发展，并将在相当长的一段时期内存在并作用于新诞生社会的文化意识中，因此，历史遗留的炫富思想也将继续影响新社会的意识文化。

2. 西方消费主义潜入

"文革"时期，人们对中国的传统文化，无论精华还是糟粕都选择了淡忘，形成"两个断裂"，造成"文化沙漠"现象。新中国追赶现代化，与国际接轨，以"炫富"为主要思想内容的西方消费主义却在这一过程中悄悄潜入中国人民的思想。于是，曾经以勤俭节约为美德的中国逐渐接受"消费主义"这个"舶来品"。消费主义在日渐激烈的市场竞争中被各行业充分利用，包括广告业。通过广告强大的信息功能和符号构建功能，西方消费主义的炫富思想从刚开始的潜入状态逐渐浮出水面，最终受到绝大部分人的思想认同，目前称其"大行其道"实不为过。

中国历史遗留的炫富思想仍将继续存在于现代中国人民的思想当中，加上西方消费主义已被接受并广泛利用于商业用途，故两者共同对中国人民的消费观产生越来越大的影响，也共同构成中国当代房地产广告炫富现象的思想根源。

（二）直接原因：广告目标受众定位高端化

中国当代的"炫富"思想根源使房地产广告炫富现象的产生具有可能性，而房地产广告主、广告经营者定位广告目标受众为拥有大量财富的群体或高收入阶层等高端受众，并通过广告发布者向大众媒体投放具有炫富诉求的房地产广告则是这一现象产生的直接原因。

---

① 马克思、恩格斯著，中共中央马克思恩格斯列宁斯大林著作编译局编译：《马克思恩格斯选集（第四卷）》，北京：人民出版社，1995 年，第 728 页。

由于广告业内人士和高端广告目标受众都可能受中国炫富思想根源影响，所以炫富诉求的产生具有必然性：通过激烈竞争而取得一定财富的人群存在展示财富能力的心理需求，这一群体可能是房地产广告的目标受众，也可能是广告从业者，也可能两者兼而有之，故为达到商业目的，炫富需求被广告信息传播的各环节所利用。因此，广告主、广告经营者通过房地产广告把他们所推销的商品房塑造为各式各样的炫富工具，使商品房与财富的象征画等号。炫富房地产广告把广告楼盘的购买者打造为高端的成功人士、具有皇室贵族气质的人士或具有如同西方资本家般突出财富地位的人士。[①] 房地产广告主、广告经营者如此高端化地定位广告目标受众，在广告中突显"上流际会""尊崇""世界高度""豪宅""奢华""顶级别墅"等炫富诉求，继而通过大众媒体宣传以迎合目标受众的炫富心理，到此，中国当代房地产广告炫富现象成为现实。

四、炫富房地产广告的危害及对策探讨

（一）炫富房地产广告危害

1. 助长炫富消费观

中国当代存在的"炫富"思想使彰显财富能力成为一种心理需求，房地产广告炫富现象既迎合已具财富能力并希望得到展示的人群，同时也刺激着财富积累较少却希望得到更多财富的人群。后者为使自身与财富较少的人群相区别，将以超出自身消费能力的方式效仿"富人"，从而助长炫富消费观。此外，炫富房地产广告若使炫富之风盛行下去，试图通过自身努力达到一定生活水平的人们在心理承受力方面或许将面临不小的挑战。

2. 形成"奢华即是美"的审美心态

从西式豪华装修到中式皇家园林设计，从大户型、复式户型到豪华别墅，炫富诉求的表现形式随房地产广告主的发展策略而不断变化。广告作用于社会文化，引导消费者形成住房空间大、装修豪华即是美的审美心态。审美心态对消费又形成引导，导致奢华风格、大户型的房子成为购房者更心仪的房型。

---

① 朱姝：《从房地产炫富广告看我国社会文化中的炫富情结》，《新闻世界》2010 年第 8 期，第 167、168 页。

（二）遏止房地产广告炫富现象对策

1. 完善相关法规

2015 年国家工商行政管理总局令第 80 号发布的《房地产广告发布规定》中第八条提及"房地产广告不得含有风水、占卜等封建迷信内容，对项目情况进行的说明、渲染，不得有悖社会良好风尚"。但目前的《中华人民共和国广告法》《房地产广告发布规定》等相关广告法规中对炫富房地产广告还没有明确界定识别、监督管制和惩处责罚的可行性条例。

2. 相关行政部门共同监管

《中华人民共和国广告法》规定广告审查机关是与商品或服务有关的行政主管部门。商品房是特殊的产品，所以房地产广告的审查机关也是与商品或服务有关的行政主管部门；而且，广告可根据商品类别进行划分，所以应该对各广告审查机关及其审查过程中的分工等方面进行全面、细致的划分和规定，从而保证审查过程的合理、简单和便捷。此外，技术不断发展，媒体的格局也随之而变，广告媒体的投放已从传统媒体扩大到互联网、各种户外新型广告等新媒体上，房地产广告投放媒体的范围也相应扩大，故涉及房地产广告的审查和监督机关的多元化，后者包括各级工商管理部门、文化部门、新闻出版部门、广电部门等。行政部门应各司其职，在房地产广告内容的正规审查、广告发布渠道的严格监督等环节相互配合，这样才能发挥各部门的规范整治作用，抑制和杜绝房地产广告炫富现象。

3. 加强行业自律

随着社会文明的不断发展，炫富诉求的广告效果或将逐渐变弱，甚至可能引起反效果。房地产广告主、广告经营者、广告发布者若只顾迎合当下的炫富意识、制作炫富广告，将不断激发相应的危害，甚至得不到相应的广告效果。由受众心理逐渐变化而引起的消费需求不断变化的当代中国市场，应广泛探讨可行的广告诉求，实时掌握正在变化的已知需求或发现新近涌现的心理需求，从而策划崭新可行的、针对各类目标受众的广告诉求，逐步替代甚至抛弃目前稍显泛滥的炫富广告诉求。房地产广告是人们购买房产的重要信息窗口，广告内容一旦刊出将在预备购房者中引起较为广泛的关注，在他们关注信息的同时，其消费观念、价值取向等将或多或少地受广告诉求的影响。如果不逐步消停炫富广告诉求在房地产广告策略当中的运用，将使炫富思想在炫富房地产广告的推崇下得到巩固和加强，从而使中国节俭谦虚的传统美德的继承和弘扬面临越来越大的挑战和困难。因此，房地产广告主、广告经营者、广告发布者应肩负起引导社会摈弃炫富思想的责任；广告行业则应通过严格自律的方式消除炫富房地产广告；行业内应相互监督，不断提出有利社会文明发展的广告诉求以营造和谐良好的房地产广告氛围。

4．引导正确消费意识

要遏止房地产广告的炫富现象，相关管理监督部门和广告行业责无旁贷，在发布信息时应把公民消费意识引导到理性消费与正面精神满足上，如房地产广告可侧重宣传楼盘用料质量优、楼向地段好、户型合理舒适等产品特点，引导理性消费；也可着重树立低碳环保、亲近自然、弘扬中华传统美德等品牌形象。

五、结语

炫富房地产广告是当前中国典型的炫富广告，在其他商品类别的广告中也存在炫富现象。要遏止房地产广告乃至整个广告行业的炫富现象，需各界学者持续对炫富广告进行深刻思考与理性批判，同时仍需各方共同努力。

（本节作者：杨先顺、吴凯娜。原文发表于《新闻界》2012 年第 6 期，有改动）

第三章

广告话语的符号逻辑

…　…

第一节　广告话语中三音节颜色词的符号传播探析

语言中用来表示颜色的词汇叫颜色词。① 颜色词在我们的生活中经常用以指称物体的颜色。近年来，随着消费群体心理需求的变化，商家为了赢取商机，构造出许多诗意化的颜色以引起消费者的注意，在广告话语中涌现出大量特殊的颜色词，如神秘紫、狮子金、精灵蓝、浪漫粉……这类词语对传统颜色词进行符号再造后，重新以产品颜色名称的身份广泛出现于现代广告语言中，而且有蔓延扩大的趋势。三音节颜色词在符号意义方面与现有的颜色词有何不同？具有哪些传播价值？其广泛传播的动因是什么？本节将深入探究。

一、三音节颜色词符号意义的增值

符号所蕴含的意义是符号概念的重要方面，也就是说意义隶属于符号，任何意义都是特定符号的意义。三音节颜色词作为广告传播符号无疑也包含着特定的意义。

美国学者 Berlin 和 Kay 指出，世界上许多种语言中都存在白、黑、红、绿、黄、蓝、褐、紫、粉、橙、灰这 11 个基本颜色词。② 现代汉语中的颜色词多种多样，丰富多彩，除了上述 11 个单音节的基本颜色词外，还存在大量多音节复合颜色词。从构词手段看，三音节颜色词是"修饰语 + 基本颜色词"的定中结构（定语 + 中心语），主要有三类：

（1）形容词 + 基本颜色词，如尊贵黑、纯真白；

（2）名词 + 基本颜色词，如恋爱粉、骑士灰；

（3）动词 + 基本颜色词，如轻舞白、沉思灰。

但这种简单的结构上的划分尚无法揭示这种语言修辞现象的本质。这类三

---

① 张积家、段新焕：《汉语常用颜色词的概念结构》，《心理学探新》2007 年第 1 期，第 1 页。

② 张德福：《颜色词研究初探》，《常州师专学报》2002 年第 3 期，第 1 页。

音节的颜色词与传统的双音节颜色词，如深蓝、浅绿、玫红等的明显区别是它们被传者进行了符号重塑，有着各式各样的非色彩语素作修饰语，从而有别于一般的颜色词，再成为商品新的代码。三音节的颜色词不像传统双音节词那样客观明确地描述颜色，而呈现出符号意义的增值。

（一）联想性的丰富

人们在对客观世界的认识和改造过程中，逐渐对色彩产生不同的心理感受，并由颜色引发种种联想。如提起蓝色我们会想到天空、大海，因此蓝色多给人自由的、沉稳的、辽阔的感觉，所以在一些商品颜色名称中我们可以看到"睿智蓝""自在蓝""恒久蓝"等。例如洋河蓝色经典的广告，以蓝为基底色，展现洋河酒大气磅礴的气度。白色是各种颜色中最纯粹的色彩，我们通常用它象征纯洁、简单，由此出现了"极简白""纯真白""永恒白"等寓意美好的商品颜色。还有诸如"富贵银""动感金""率真绿""浓情红"等，这些非色彩语素都是从心理世界出发，将生活中的色彩与人们的心理情感倾向相结合、相对应，进行符号建构，从而赋予它们不同的联想意义。在广告传播中，由于语境、心理等方面的不同，传者与受众之间会存在某种差异，这导致广告中语言的表达效果与接受效果之间具有一定的距离，这恰恰可以让消费者任意发挥想象，满足情感上的需要。广告话语中三音节颜色词的建构正是抓住这一点，让具有不同认知的人根据各自的需求赋予这些词语美好的联想意义，最终产生奇妙的广告效果。

（二）人文性的强化

人文性是相对于科学性而言的，科学性强调客观、理性和精确，排除主观色彩的介入；而人文性恰恰强调主体意识和感觉的在场，注重人的体验和感悟，接纳不确定性。广告中三音节颜色词的语素搭配具有很强的随意性和主观性，这也是其富有人文性的体现。人文性是理解不同颜色词的符号意义的重要基础。这是因为，语言本身就是社会生活和文化观念的折射，语言中词汇的活跃性使得那些用来修饰基本颜色词的语素成了动态的、开放的话语，广告策划者和商家可以根据不同的产品特点任意搭配，随意指称，而最终的明确意义则在于接受者的心理认知。例如，一些以传统文化为背景创造的广告词汇，如"吉祥红""富贵金""至尊红"等，在中国社会，红色寓意吉祥，金色象征富贵，至于"吉祥红"和"至尊红"的颜色分界在哪，则不需要精确把握。再如"法国灰""法国蓝"等搭配，蓝色在欧美社会更多地代表忧伤、雅致，足可见其语素之间搭配的人文性。这种搭配的目的在于营造梦幻色彩，增加产品或品牌的魅力。从这个意义上讲，这些颜色词基于不同的社会文化观念之上，是传播主体通过经验处理后的信息加工，是能动性的认知活动和创造活动，它们有着主观思维的烙印，与生俱来带有强烈的人文气息。

（三）情感性的凸显

色彩本身不具有任何情感因素，但是经过长期的积淀，已不仅仅指称颜色，还能体现民族历史、审美情趣以及文化心理，蕴含着丰富的情感内涵。商家以及策划者企图把产品颜色与人们现有的或想要追求的生活方式相结合，用视觉化的方式，为受众塑造新的认知。例如，广告用"沉稳灰""幸福蓝""怡情蓝"等与生活态度和方式相关的语素搭配，告诉受众，想要沉稳的生活，就可选择灰色款的产品；而蓝色则寓意幸福、满足，如果想要感受幸福可以选择蓝色款产品……这些文本中除了客观地体现产品颜色外，更多的是与情感成分挂钩，带有强烈的感染力和渗透力，影响着接受者的情感、态度及行为。

二、三音节颜色词的传播价值

现代汉语词汇系统中指称色彩的词多不胜数，但是这类注重写意的颜色词仍然被大量创造，普遍地用来标识商品的颜色，并且使用频率高、范围广，具有重要的传播价值。

（一）增强语效

语言的修辞本身就是为了取得最佳的语效，现代广告传播往往将目的性与语言的修辞紧密结合在一起，尽可能地用修辞手段达到凸显产品特点、实现产品推销的目的。这也是修辞功能社会化趋势的体现。广告话语中这类将非颜色词与颜色词搭配的修辞无疑是为了使表达更为生动形象，它注重挖掘语言的美学功能，利用语言修辞创造出某种艺术效果。例如，手机产品中有黑、白、灰、红等几种颜色，这些颜色我们都能用现有的基本颜色词客观地进行描述，但无法突出产品与众不同的个性。在受众求新求异的时代，客观理性的表述是远远不够的。相比较而言，那些写意型的颜色词就显得更新颖，并富有特色。同时，这种修辞丰富了广告语言在传播过程中的表达形式，使其更加多样化。如"至尊黑""梦幻红""柔滑银""浪漫粉"等比起黑、红、银、粉等的表达更时尚化，更生动化。黑、白本是两种极端的颜色，但是如"享乐黑""格调黑""都市白""风雪白""摩天白"等既体现了现代都市气息，又具有小资的情调，由冷色调转而变得温暖贴心。这些三音节的颜色词打破了颜色的固有分类，从情感出发，让受众自由联想以找到情感归宿。这些被建构的文本，在传达信息的功用下，还完成了交际双方之间的情感互动。

（二）增加认同感

建构主义认为，修辞的目的不仅是为了语效，更在于认同的需要。如果说最佳的表达效果是表面的、短时的，那么认同则是深层的、长久的。而且语效和认同并不矛盾对立，取得特定的语效自然是需要接受者认同，认同也就意味着取得了语效。① 正是由于其背后强大的认同系统，三音节颜色词才会被广泛应用于广告话语中。

众所周知，现代人尤其是年青一代，在生活、消费甚至是语言交流上追求时尚，崇尚个性，强调自我，他们热衷时尚，因此出现了诸如"炫彩银""动感金""酷驰蓝"等炫酷、时尚的表达，它们代表的是年青一代对于色彩的感觉和认知。中年男性沉稳、成熟，所以用"威忌金""荣耀金""智者灰""王者黑""高贵金""稳重黑"等来表现男性刚毅、稳重的性格，并贴合男性消费者的身份地位和社会角色。而女性则偏向感性、温柔，因此用如"魅惑红""气质蓝""风韵银""温柔粉"等来形容。这些修饰语极大地满足了人们对美好生活的向往和追求。它们形成了特定的语言风格，这些不同的语言风格表达了不同人群内心的不同渴望，也体现了不同消费群体的社会文化特征，符合他们的语言风格和审美价值。因此在得到受众认同的同时，商家又通过社会成员的认同和接受来扩展更多新鲜内容，周而复始，不断加深、推动了这一认同。

（三）激发语言的沟通力

广告本身就是一种劝服性的话语方式，而颜色词的修辞就是商家的话语策

---

① 宗守云、胡蓉：《建构主义的修辞观及其价值和局限》，《毕节学院学报》2009 年第 7 期，第 29 页。

略：在产品颜色上大做文章，把产品的颜色用最佳的语言表达出来，搭配一系列贴近生活、贴近心灵的词汇，让产品生机盎然，富有人情味。如"流金白"总能让一部分群体想起过往的流金岁月而感慨万千；"可爱粉"是年轻女孩的选择，希望自己更加可爱动人；"烂漫紫"天真烂漫，给人以年轻和活力……这些情感色彩充分考虑到消费群体的身份、地位、角色，带给他们的是一种心灵的享受，满足了他们对"尊重"和"自我实现"的渴望和需要。比起白、金、紫、粉等，三音节颜色词的写意功能负载了更多的文化信息和感情价值，能够很好地说服受众，达到其传播效果，这是普通颜色词所不能比拟的。正如陈汝东先生所说："修辞的目的，是实现社会控制，达到协调人际关系。"① 写意三音节颜色词的这类语言修辞，拉近了企业和消费者的心理距离，很大程度上满足了传者和受众双方的不同需求。

三、三音节颜色词广泛传播的心理动因

三音节颜色词广泛传播的背后，有着深刻且错综复杂的社会、文化、市场和心理等方面的原因，囿于篇幅，这里仅探讨其心理动因。三音节颜色词贴近生活，展现时代，折射文化，体现需求。人们通过对过去的经历、经验进行记忆、感觉、联想，转换并激活它们，从而唤醒心里的感觉和情感指向。

首先，三音节颜色词这种具有强情感性的话语方式，更能激发消费者的情感共鸣。色彩本身是没有感情的，但由于人的主体性的介入，色彩具有了情感功能，它又能诱发人的情绪和情感反应。心理学家试验证明：红、黄之类磁波较长的色彩都能引起高度的兴奋和强烈的刺激。② 颜色能带给人心理情绪上的影响，人们的情感倾向于什么方向，色彩就可以被赋予什么意义。而三音节颜色词从话语方式看，更具先天的优势，即"非颜色词＋颜色词"，前半部分的非颜色词通常进行情感的铺垫或渲染，从而使后半部分颜色词的情感更为浓郁，更为强烈。如"逍遥蓝"，"逍遥"一词本身就含有自在开心的情感因素，与"蓝"字组合就能赋予蓝色更丰厚的心理体验：开阔感、自由感和快乐感。

其次，相对于普通颜色词，三音节颜色词更能满足消费者的心理需求，这

---

① 陈汝东：《修辞的社会心理性质及其功能》，《修辞学习》1999 年第 3 期，第 3 页。
② 郭焰坤：《论汉语通感的范围及其心理机制》，《华中师范大学学报》（人文社会科学版）2001 年第 5 期，第 118 页。

是一种内在驱动力。这是一个求新求异的时代，面对现实生活的种种约束，追求新鲜、奇巧、趣味，主张个性张扬，凸显自我意识，已经成为较为普遍的消费心理。三音节颜色词在语言的使用上，摆脱传统束缚，让语言充满创造力和张力，给消费者带来相对舒适的心理空间。面对各类产品传递的客观理性的商品信息，消费者已经厌倦，他们更需要获取心理的满足。由于三音节颜色词的隐喻义和联想义能够给受众一定的空间来释放内心情绪和情感，使他们既获得了心理满足，也获得了审美欢愉，从而达到赏心悦目的效果。正是这种理性内容所不能带来的满足感，促使三音节颜色词在广告传播中炙手可热。

四、结语

总而言之，三音节颜色词虽然看似简单，却包含了消费心理、社会文化、个性风格等诸多因素，它把语言还原到文化系统中，借用商品这种可感的形式，传达色彩的符号意义。人们根据自己的社会文化传统和心理习惯联想出这些虚幻的影像，并主观地认为色彩和这些隐喻义有关联，认同并享受着"幻影"所带来的情感满足。三音节颜色词借助独特的修辞方法和文化意蕴等把商业动机巧妙地隐藏起来，并在社会文化语境的作用下将符号的意义传达给受众。

三音节颜色词广泛传播以来，关于这类新词汇的讨论不绝于耳，褒贬不一。语言学家、社会学家、心理学家等从不同的角度讨论剖析了三音节颜色词的利弊。我们认为，三音节颜色词的确有不少的漏洞和缺点，如造词的随意性，忽视语言规则等，但它们也有存在的价值和合理性，它们是语言发展的必然产物，是社会文化心理的自然折射。

（本节作者：杨先顺、邓琳琳。原文发表于《新闻界》2016 年第 10 期，暨南大学新闻与传播学院刘涛教授在本文写作过程中曾提出较多中肯的意见，特此致谢）

第二节　网络流行语模因分析及其
对广告语言创作的启示

　　随着互联网的发展，网络流行语正以裂变的速度被创造和传播。近些年又是网络流行语大量生成的时期，表现出新的特点和趋势。人们的主动参与是网络流行语得以形成的原因，也是其形成之后的主要表现。作为一种典型的语言和文化现象，网络流行语得到了多学科的广泛关注。语言学对网络流行语的研究最为深入，语用学模因论也在最近几年被应用于对该现象的分析。广告语是一种集语言特性和营销特性于一体的语言类型，广泛传播是其主要目的之一。因此，研究网络流行语对广告语创作具有独特的借鉴意义。

一、网络流行语模因研究

（一）网络流行语研究

　　截至 2019 年 12 月 21 日，以 CNKI（中国知网）中文期刊全文数据库为文献来源，以"篇名"为检索项，以"网络流行语"为检索词，选择全部期刊不计年限，剔除重复篇、报纸消息文章等，共检索出具有理论意义的文章 1 256 篇（见表 3 - 1）。其中，在题目中将"模因或模因论"作为理论视角的文章有 106 篇。

表 3 - 1　"网络流行语"与"模因论"研究相关文献统计表

	2007	2008	2009	2010	2011	2012	2013	2014	2015	2016	2017	2018	2019	合计
A	4	13	33	59	109	99	128	119	140	155	145	132	148	1 256
B	0	1	2	3	8	10	11	11	17	12	15	9	12	106

　　注：A 为以"网络流行语"为"篇名"的文章数量；B 为以"模因论和网络流行语"为"篇名"的文章数量。

在已有的文献中，从论文发表时间来看，在互联网起步不久后的 2001 年，已经有人注意到了"网络流行语"现象，但直至 2008 年对其的研究仍处于初级阶段。而从 2008 年以来，对"网络流行语"的研究呈现快速增长趋势，特别是 2010 年和 2013 年，同比来讲，后者呈现井喷现象，也说明了自 2008 年以来网络流行语的活跃性。

从文献的内容来看，关于网络流行语研究的主要议题有网络流行语的概念、网络流行语的类型、网络流行语的特征、网络流行语的生成传播机制、网络流行语产生的社会心理、网络流行语使用行为、网络流行语的社会功能与影响、网络流行语中的舆情和网络流行语的控制等九大类。[①]

从研究的理论视角来看，目前对于网络流行语的研究从语言学（语音、语义、语用）扩展到了传播学、社会学、心理学、符号学等众多学科视角。其中，语言学是在网络广告语研究中出现较早也是文献成果最多的研究视角，模因论、关联理论、顺应论均是重要的切入点。

（二）网络流行语模因分析

如图 3－1 所示，通过超星学术发现系统进行检索和可视化统计分析能够发现，将模因论应用于网络流行语研究的文章分布形态与知网所得结果一致。

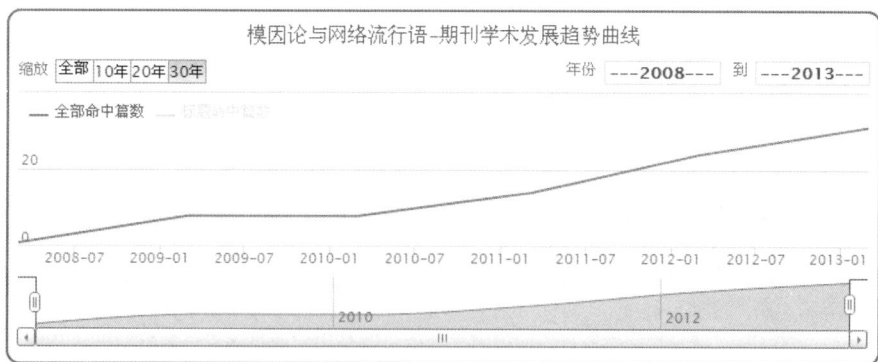

图 3－1　"模因论与网络流行语"相关文献期刊发布走势图

图片来源：超星学术发现系统。

---

① 王仕勇：《近十年来我国网络流行语研究综述》，《重庆工商大学学报》（社会科学版）2012 年第 5 期，第 7－12 页。

从文献内容上看，分析切入点主要有：运用模因论对网络流行语的一般性解读；从模因论的角度盘点年度流行语，对具体流行词汇的模因分析，如对"给力"一词的分析①；对模因论在网络流行语中的应用与困境的思考②；类型网络流行语的模因分析③；从模因论分析网络流行语的语言变异④等几个角度。

从各文献的框架来看，通常的文章结构主要有"流行语现象描述—模因论—年度流行语模因类型分析""模因论—网络流行语中模因类型/特征""模因论—网络流行语模因的传播方式—网络流行语模因的形成原因""模因论—模因生命周期—困境思考"等几种类型。

而在内容上，文献多是对模因概念、模因基因型和表现型的复制传播方式，以及模因复制的四个阶段等内容的直接阐释。如，有的文献提出了网络语言模因的认知过程遵循"建构—传输—解构"这一信息加工处理过程⑤；有的将汉语网络流行语模因分类为图形标点和符号模因、字模因、词模因和句式模因⑥；还有的指出模因论本身存在"强模因"界定的逻辑悖论、模因概念的生物学困境和解释层次的困境⑦。

然而，以上所有的研究，均离不开模因论的基本原理，即这些文章多是对模因论提出者道金斯及其学生布莱克摩尔，甚至早期研究者何自然等人关于模因论原理的转述。在论述网络流行语时也仅以流行语为例对基本原理进行套用。同时，个别提出流行语模因分类的文章，也因网络流行语的飞速发展和变异显得难以跟上时代步伐。

---

① 刘丽萍：《网络流行语"给力"一词的模因论解读》，《凯里学院学报》2012 年第 30 卷第 5 期，第 68 - 70 页。

② 蒋秀玲：《模因论在网络流行语分析中的应用与困境》，《成都师范学院学报》2013 年第 29 卷第 4 期，第 85 - 88 页。

③ 吉建华：《谐音型网络流行语的模因学分析》，《信阳农业高等专科学校学报》2013 年第 23 卷第 2 期，第 77 - 79 页。

④ 赵瑞：《以模因论视角浅析网络流行语的语言变异》，《现代语文》（语言研究版）2013 年第 2 期，第 111 - 112 页。

⑤ 郗昌鹏：《从模因论角度解析 2009 年网络流行语》，《语文学刊》2009 年第 19 期，第 103 - 104 页。

⑥ 梁子超：《汉语网络流行语模因分类研究》，东北师范大学硕士学位论文，2012 年，第 24 页。

⑦ 蒋秀玲：《模因论在网络流行语分析中的应用与困境》，《成都师范学院学报》2013 年第 29 卷第 4 期，第 85 - 88 页。

二、网络流行语的模因分类

根据道金斯的表达，模因定义的形成分两个阶段，前期被认为是文化模仿单位，其表现型为曲调旋律、想法思潮、时髦用语、时尚服饰、房屋搭建、器具制造等模式；后期的模因被看作是大脑里的信息单位，是存在于大脑中的一个复制因子。布莱克摩尔则是紧紧扣住模仿的概念，认为"任何一个信息，只要它能够通过广义上的成为'模仿'的过程而被'复制'，它就可以成为模因了"①。

关于语言模因的概念，在谢朝群、陈新仁编著的《语用三论：关联论·顺应论·模因论》一书中，编著者认为，语言本身就是模因，模因主要寓于语言之中。任何字、词、语句、段落乃至篇章，只要通过模仿得到复制和传播，都可以成为模因。②

模因概念作为一种"文化模仿单位或者信息单位"可能无法具体指称，但是，从语言的实体性来讲，语言模因是一种可见的词语和形式。根据近几年的网络流行语，特别是 2013 年以来网络流行语出现的新的变化与特色，笔者将语言模因分为以下几种类型：

（一）字词模因

即以字、词为复制单位的语言模因类型。作为该类型模因的字、词通常本身具有完整意义，能够简单明了而直接地表达使用者的语气、心态、情绪及场景，所以能够以单个字词进行广泛的复制、增减和传播。如"亲""门""给力""伤不起""坑爹"等词语，人们在使用过程中通常进行直接引用，或简单增减应用，如淘宝用户常称"网购太坑爹""物流不给力""坑爹啊有木有"等。

---

① 何自然主编，谢朝群、陈新仁编著：《语用三论：关联论·顺应论·模因论》，上海：上海教育出版社，2007 年，第 149 页。

② 何自然主编，谢朝群、陈新仁编著：《语用三论：关联论·顺应论·模因论》，上海：上海教育出版社，2007 年，第 150 页。

（二）整句模因

即以句法关系和语法结构为复制单位的语言模因类型。该类型模因不以个别词语直接表意，而是借助一句话的句法结构为框架，通过改变主体词汇进行意义传达，句子结构具有复制的稳定性，而主体词不具有稳定性。

例如"长发及腰体"，其原句为"待我长发及腰，少年娶我可好？"网友纷纷引用，一时间"待我长发及腰，借你上吊可好？""待你长发及腰，我就……""待卿长发及腰，小生归来可好？"等纷繁网络。从语句中我们可以看出，虽然主体词汇有变："我"到"你""卿"，"少年娶我"到"借你上吊""小生归来"等，但是语法结构和句子成分（S = Adv + NP，VP）却是固定不变的。与此相似的还有"元芳体""臣妾做不到体"等。

（三）段落/篇章模因

即以段落框架为复制单位的语言模因类型。该类型可以看作是整句模因的延伸，是整句模因的排比运用，但较整句模因容量更大，也更加严谨。段落模因的应用往往遵从了段落内部的逻辑和起承转合。如"甄嬛体"[①]演出版：

——本宫方才看到道解都江堰的宣传海报了，场面甚是精彩，私心想若是能亲自前往观看定是极好的。奈何本宫囊中略有羞涩不便前往。心下想来，罢了，本宫定是无缘前去观看了。但若尔能诚心相邀，倒也不负本宫对你的疼爱了！

——说人话！

——想去看道解都江堰，没钱，你请我。

该流行语以"本宫、方才、甚是、私心想、定是极好的、奈何、罢了"等关键词作为段落框架，或个人独白，或双人对话，演绎出各种情形的版本。

段落模因的另一种类型是"篇章模因"，也可谓是段落模因和整句模因的延伸，此处统一归为段落模因。

另外，语言模因类型并不是固定为一种，它也可以扩展或者收缩。如"长

---

① 甄嬛体，百度百科，http://baike.baidu.com/view/7814083.htm。

发及腰体"经网友创作，在游戏网页大有所为，从整句模因发展为篇章模因，形成了一系列的诗词歌赋。

待我长发及腰，东风笑别菡涛。参商一面将报，百里关山人笑。
凛冬月光妖娆，似媚故国人廖。连里塞外相邀，重阳茱萸早消。①

（四）语气模因

该模因类型即以人物语气、语态风格为复制单位，借助人物语言语气特点表达事件，多为有意模仿。其中对话体是常见类型，通过对话反映出双方在言语上交错往来的特点。该模因类型的精髓在于模仿出人物的语气特点，并通过其中蕴含的语调折射出人物性格。

由收视极高的综艺节目《爸爸去哪儿》引发的"父子对话体"，如石头的"我天我得出去"，郭涛的"多大点事儿是不是"，田亮的"你给爸爸说，爸爸不生气"等。由于人物的口头禅和语言特色被观众所熟知，此类对话便能引起观众的共鸣，带来会心一笑和主动传播。

语言模因并非一成不变，网友会以无穷的创造力对其进行创意创新，使得个别语言模因在传播过程中发生变异、延伸或者简化，"甄嬛体"便是从单个模因本身扩展为对话体的典型例子。而《爸爸去哪儿》引发的语气模因也已超越"父子对话体"，衍生出各类"名家创作体"。如模仿鲁迅创作的《爸爸去哪儿》，类似杂文犀利的笔锋，"然而终究、伊、诚然"等个性化的语言，仿佛真的是鲁迅先生在执笔写作一般。

鲁迅如何写《爸爸去哪儿》：

《爸爸去哪儿》这个节目，近来或者是很火罢。原打算看的，然而终究没有看。

大约是节目有些"木秀于林"了，许多人便多了闲话。譬如说王岳伦好好的导演不做，偏去做南瓜饼；又如郭涛，本是个莽夫，却要伊温柔地照看幼儿，诚然是很努力，然而终究是不擅长，把秋裤错穿在外边了。②

---

① 待我长发及腰，百度百科，http://baike.baidu.com/view/10915291.htm。
② 《金庸、古龙、鲁迅怎么写爸爸去哪儿》，捧腹网，http://www.pengfu.com/content_653167_1.html。

（五）缩略模因

该模因类型是通过对文字的缩略组词从而以更简单的形式来表达更丰富的内容，是从形式上对语言模因进行归类。缩略模因集中体现了网络流行语与现实流行语的差异和传播快速的原因。它包括几种类型：

1. 谐音缩略

即以谐音的方式简化内容，达到使其在网络上复制传播的缩略手法。如"你知道吗＝你造吗""这样子＝酱紫""886＝拜拜啦""9494＝就是就是"。

2. 意义缩略

该缩略模因在2013年尤为普遍，它主要是通过成语、词语的首字母缩略来表现原词汇所表达的整体意义。如"喜大普奔"（喜闻乐见、大快人心、普天同庆、奔走相告）、"冷无缺"（冷漠、无理想、缺失信仰）、"高大上"（高端、大气、上档次）等。

3. 整句缩略

即将一个完整的长句挑选主要字眼缩略成词，并以此来表达意愿的方法。如"人艰不拆"（人生已经如此艰难，有些事情就不要拆穿了）、"智捉"（智商捉急）、"请允悲"（请允许我做一个悲伤的表情）、"注孤生"（注定孤独一生）、"我伙呆"（我和我的小伙伴们都惊呆了）、"何弃疗"（为什么放弃治疗）等。

三、对广告语言创作的启示

广告语言充分体现了语用学理论。在广告中，广告制作者通过广告话语这一言内行为，达到对受传人进行言外行为，最后实现言后行为。[①] 关于广告语言的界定，学界主要有两种观点。第一种观点，广告语言是指广告中所使用的语言文字；第二种观点，广告语言是指广告中所使用的一切手段和方法，包括声音、音乐、图像、色彩、舞蹈、平面设计、文字语言等。[②] 本节所指的广告语言更接近于第一种观点，指广告中所使用的一切语言文字信息。

---

① 黄小平：《广告语言：语言艺术的狂欢》，昆明：云南人民出版社，2012年，第19页。

② 曹炜、高军：《广告语言学教程》，广州：暨南大学出版社，2007年，第4页。

　　我国对于广告语言的研究比对网络流行语的研究更加深入和丰富，并经历了从"语言学立场"向"广告学立场"的转变。现有"广告语言"研究专著60余本。截至2019年12月初，笔者通过对CNKI中文期刊全文数据库的检索发现，以"广告语言"为篇名的文章有1 954篇，多产于2008—2011年。研究角度主要集中在广告语的语言学分析、类型广告语研究、英文广告语篇及翻译、广告语研究总结述评、符号学视角分析和社会学分析等。更有诸多广告文案写作书籍，从广告文案的角度阐释了广告语言的写作。

　　广告与流行文化之间存在互动。广告文案在特定情形下可以创造一种流行的文化风尚，同时，潮流文化的浪潮又会反过来影响广告文案的创作。① 广告在创作过程中要不失时机地利用流行文化。

（一）流行语模因对广告语言创作的观念启示

1. 广告运用语言是为了超越广告语言本身

　　哲学家保罗·格莱斯指出，人们在解释意义时，借助两个独立的系统。第一个系统是关于语言的知识，第二个系统是关于人们学到的关于理智的、有感知的生命体的知识，以及对这些生命体完成某种特定目标所使用方式的知识。② 他表示，第二个系统是关于如何解释人们在情景中某一行为的目的的，它其实是一种被人类这个高度社交性的物种完善的技能。

　　人们对意义的解读是一种依赖于情景的（语言）推理过程，包含了含蓄与暗示。从传播学的角度来讲，上述系统表达的是人们交流中"共通的意义空间"。在广义上，共通的意义空间还包括人们大体一致或接近的生活经验和文化背景。③ 其实，共通的意义空间就是"你懂的"，只需一句话、一个词甚至一个画面，双方就能同时理解对方想要传达的深层信息。网络流行语神奇地做到了这一点。

　　广告组织、运用甚至创造语言、词汇，都是为了将语言之外的关于产品和品牌的感受传递给受众。能掌握一种非标准方言对使用者来说就等于多了一个

---

　　① 杨先顺、陈韵博、谷虹：《广告文案写作原理与技巧》（第三版），广州：暨南大学出版社，2009年，第17-18页。

　　② ［美］塞迪维、卡尔森著，杨雷译：《广告词的语言魅力》，北京：电子工业出版社，2012年，第139页。

　　③ 郭庆光：《传播学教程》，北京：中国人民大学出版社，2005年，第6页。

社会交往和情感表达的工具，这个工具可以让你在特定的圈子里跟人加强沟通和联系。① 网络流行语其实是一种在虚拟空间使用的"方言"，在互联网时代的今天，网络流行语通过字、词、语句甚至语气模因在网民中形成共通的意义空间，达到"言外之意"的巧妙传达，其语言暗示运用之娴熟，值得引起广告语言创作者的注意和思考。

2. 广告流行或可成为一个有章可循的模因发酵过程

在笔者看来，模因不只是一种语用学理论，而且是一种关于所有应用语言的意识。模因的精髓在于模仿、复制和传染，在新媒体背景下，它是所有传播语言（特别是广告语言）必须确立的一种意识。

网络流行语通过贴近生活的语句传达社会普遍心理，得到大众认可和主动传播，通过媒体发酵得以形成，在受众认知中具有高识记度。广告也未尝不可。

从语用格式上来讲，网络流行语的一种常见类型是动作化了的日常行为，如"给"力、"坑"爹、"做"不到，这就提示广告语在传播过程中要注意传播格式中的"动性"②。广告是典型的"因言成事"，需以动性"号召"受众。如M&M巧克力豆广告语"快到碗里来"，从使受众费解，到成为人们表达对某事物好感的流行语，与其命令式温柔的动性语气分不开。另一类常见网络流行语是与热点事件（或作品）相关的名词，如表哥、房叔、房东、高富帅、头条、小苹果等，这提醒广告语创作要及时利用热点事件（或作品）来引发受众的关注，制造可以不断复制与传播的模因。例如脉动运动饮料在2014年世界杯期间创作的"别哭体"广告就深谙此道，世界杯足球赛无疑是2014年公众关注的热点，但能够据此制造模因的广告极为少见。其中脉动在意大利队被淘汰后做的广告"意大利别哭，白天不懂夜的黑，高富帅不懂我们洗剪吹"、哥斯达黎加队被淘汰后做的广告"哥斯达黎加别哭，12年前我就发现你是匹黑马了"等在微信上广为流传。这些广告不仅巧妙嫁接了新闻热点，而且熟练运用了网络流行语。

---

① ［美］塞迪维、卡尔森著，杨雷译：《广告词的语言魅力》，北京：电子工业出版社，2012年，第231页。

② 屈哨兵、刘惠琼：《广告语言跟踪研究》，广州：暨南大学出版社，2009年，第16页。

（二）网络流行语模因分类对广告语言创作的策略启示

1. 广告化用现有模因：模仿、互成

模因的最核心要素是模仿。此处指广告语对网络流行语的语言模因的模仿。如曾经引起广泛好评的某派出所"凡客体"招贴，内容如下：

警方诚品

爱打电话，爱发短信，爱装警察，爱装法官，爱装检察官。也爱说电话欠费、法院传票、银行转账、恶意透支、涉及洗钱、安全账户……

我不是神马，也不是浮云，我是电讯骗子，警察一直在找我，如果我找你，马上拨打110。

——××派出所（宣）①

模仿即对网络流行语语言模因的直接复制，该形式由于运用时下流行的语言模因，为人熟知，并且由于具有"时尚、潮流"的属性而被人们主动传播，往往能获得好评，且达到比较好的传播效果。

对网络流行语的模仿和复制比较容易，且效果立竿见影。然而，网络流行语并非为某物而专门设定，生搬硬套只会适得其反。在广告语无法进行模因复制时，便可考虑模因互成。即以广告语创造流行语的模因，反过来使其能够促进广告语模因流行。"陈欧体"和"凡客体"均属此类。

模因互成需要广告语本身的结构、遣词造句的语气有一定的特色，以此来引发人们的兴趣和模仿。另外，以活动带动模因成熟和转化的人为推动也能达到预期的效果。

2. 广告创造新模因：传染因子、口语化

模因互成旨在通过结合流行语使广告语产生螺旋式扩散效果，帮助广告语迅速传播，而模因创造则是为了让广告语以第一印象被人们接受和记忆。

广告语遵从语言最基本的生成和传播规律，而语言具有"传染"式传播属性。从网络流行语的模因分类中不难看出"传染因子"的重要性。如在"字词

---

① 《南京警方贴出凡客体防骗传单　居民大呼给力》，搜狐新闻，http://news.sohu.com/20110504/n306761317.shtml，2011 年 5 月 4 日。

模因"中，"给力"能够表达完整意义，使其成为可独立使用的传染因子；而在"整句/段落/篇章模因"中，主语成分、逻辑表达、特定语气词均可成为传染因子，如"甄嬛体"中的"真真是极好的了"这句话更多地被人们单独使用。广告可以通过创造传染因子使自身成为"传染源"。

口语化的广告语言文字易于人们理解和记忆。在碎片化信息和快消时代，人们只能抓住片段性的信息而不会去记忆段落内容。网络流行语以简练的语言表达充沛的含义，正是把握了这种心理。广告语言创作要善于抓住具有潜在流行性的口语，增加对语言流行性的感知能力和预测能力。广告创作人员需留意应用易被人们理解的语言因素，如俗语、热词、传统文化、生活元素等，以使广告语言贴近生活，更容易被人们接受与传播。

2014 年 1 月初，在农历马年来临之际，某品牌发布新年祝福微电影《马上成真》①，其中，"马上发、马上有才、马上变土豪"等愿望受到网友热捧，"马上体"快速走红网络。"马上有钱、马上有对象，马上有一切"应运而生，并风靡整个新年。该流行语不仅是在新年之际契合了人们的美好期望，也是因其口语化、贴近生活的特征才被广泛传播。

四、结语

模因的意义在于通过传染因子成就共通的意义空间。模因将记忆因子进行记忆移植，帮助人们"不费力理解"，在接收意义时达到只用意会、无须解释的沟通状态，最终实现"你懂的"的传播效果。网络时代的今天，流行语层出不穷，它们明显地表现出了模因的特点和属性。

网络流行语所向披靡的原因在于其超越字词本身传达言外之意，并能迅速扩散，而这正是广告所追求的。广告语言创作人员需要认识到，其创作重在言外之意、言外之情，从而能够跳脱字句的束缚，去探求创造流行广告的可能性与规律。

由于图式在受众认知中的积极作用，广告语言可借用目前的流行模因来传递新模因，可通过当下流行的强模因来带动弱模因，为自身传播减少阻碍；而要在消费者心智中占有独特地位，广告则需创新模因，引领流行。

---

① 《脉动新年策划："马上体"》，广告门，http://www.adquan.com/post - 14 - 26597.html。

•••　•••

模因论为网络流行语的研究提供了新的思路，也为广告语言的创作展示了更多可能。然而，对于广告创作人员来讲，在模因运用过程中，如何摆脱亦步亦趋的模仿，实现超前的预测和引领，以及通过设计怎样的模因才能使广告最大限度地获得认可与传播，都是需要深入研究的话题。

（本节作者：杨先顺、王潜。原文发表于《当代传播》2014 年第 6 期，有改动）

第三节　奢侈品品牌符号价值生产的
深层动因与形成机制

一、中国奢侈品消费现状及分析

2019 年 12 月，贝恩与意大利奢侈品行业协会 Fondazione Altagamma 联合发布《2019 年全球奢侈品行业研究报告（秋季版）》，报告指出，全球奢侈品市场在 2019 年保持了温和增长，增长动力主要来自亚洲，尤其是中国消费者。作为全球奢侈品行业的主要增长引擎，中国奢侈品市场（除港澳台地区）在 2019 年延续了过去几年的强势表现，市场整体销售额增长了 26%（按恒定汇率计算），达 300 亿欧元。从全球看，中国籍消费者对全球个人奢侈品市场持续性增长的贡献率达到 90%，占全球个人奢侈品消费总额的 35%。[①]

中国奢侈品消费的狂热离不开消费社会的现实语境。法国哲学家、社会理论家鲍德里亚提出的消费社会理论表明，随着生产力的发展，人类从稀缺性社会走向了丰盛社会，社会生产出大量剩余的"物"，在世人被"物"包围的时候，当今社会已经不可阻挡地进入了"消费社会时代"。消费已经成为社会最

---

① 卢杉：《2019 国内奢侈品销售额达 2 341 亿，全球的增长动力依然来自中国消费者》，《21 世纪经济报道》，2019 年 12 月 18 日。

为显著的特征，它取代了生产的角色，成为社会发展的肯定性及关键性力量。[①] 消费也从原来的经济概念转变为文化概念，对消费者而言，现代消费不再局限于对生理需求的满足，更是对于某种生活方式和生活意义的满足，对于某种特定的社会身份地位的确定，正如广告符号学家威廉森所说的，"人们通过他们所消费的东西被辨认"[②]。现代商品消费中，商品不仅具有马克思所言的使用价值和交换价值，符号价值的消费已经构成了社会所有成员之间相互关系的基础和纽带。在当代消费社会的典型情境里，一个人通过其消费商品的品牌，能够传递与之相适应的个性风格、品位高低、社会地位、财富积累等一系列个人信息。也就是说，我们购买服装、食品、家具、化妆品或者娱乐，不是为了表达预先确定的我们是什么人的感觉，而是借助我们所购买的东西确定我们是怎样的人。德裔美籍哲学家、美学家、社会理论家马尔库塞则认为在人们抱着展示自己身份的心态进行消费的时候，商品的身份价值或社会标志价值便得到了实现。[③]

奢侈品消费是消费社会的典型代表。消费者通过对奢侈品文化内涵的理解，信仰着品牌所传递的奢华理念和卓越品质，通过消费来获取品牌意义，成功进行着社会角色互动，以便更好地确定自己所处的社会地位，获得尊贵的社会身份。简言之，人们就是通过奢侈品消费确定自己是"高级"的人。

二、奢侈品品牌具有符号价值

（一）奢侈品概念

奢侈品在国际上被定义为"一种超出人们生存与发展需要范围的，具有独特、稀缺、珍奇等特点的消费品"[④]。纵观奢侈品的发展历程，许多学者认为"奢侈"缘起于文艺复兴时期，在法国路易十四的统治下达到巅峰，富丽堂皇、奢华时尚都显露出阶级意涵；随后由于资本主义原始积累的客观要求，禁欲主

---

① 夏莹：《消费社会理论及其方法论导论》，北京：中国社会科学出版社，2007 年，第 142 页。

② CSIKZENTMIHALYI R-H. The meaning of thing：domestic symbols and the self. London：Cambridge University Press，1981：29 – 31.

③ ［美］赫伯特·马尔库塞著，刘继译：《单向度的人——发达工业社会意识形态研究》，上海：上海译文出版社，2006 年，第 9 页。

④ 杨清山：《中国奢侈品本土战略》，北京：对外经济贸易大学出版社，2009 年，第 38 页。

义为奢侈品贴上了"十恶不赦"的道德标签，成为"挥霍浪费财物，过分追求享受"的贬义词；当资本完成了它的原始积累，资本主义的进一步发展需要刺激消费，并最快、最大限度地摄取财富，因此奢侈品开始了它的"去道德化"过程——它转变为经济学范围内"价值最高、品质最好"的代名词。从这个演变过程中不难发现，奢侈品本质未曾变化，它只是随着社会发展的步伐依据统治者、主导者的意愿调整了自身的角色和表达方式，它能够反映整个社会的真实状况，带着强烈的意识形态特征。奢侈品仍旧是奢侈、享受、昂贵的代名词，只是现代社会赋予了奢侈品品牌这一美丽外衣，鼓励大家竞相追逐。

本节研究的奢侈品是个人奢侈品品牌，主要集中在服装、珠宝、化妆品、皮具等生活实物范畴，暂不论及旅游、私人飞机、游艇、高尔夫、高端家居、艺术品等其他奢侈品。

（二）奢侈品品牌符号价值内涵

奢侈品的品牌符号价值内涵是由四个价值内容——文化价值、艺术价值、心理价值以及社会价值共同构成的（见图3－2）。奢侈品品牌符号价值是由代表高度抽象意义的文化价值、代表最佳审美和潮流的艺术价值、代表满足消费者意义需求的心理价值和代表象征身份地位的社会价值四者叠加而产生的新的稳固价值集合体，它为奢侈品意义生产的持续扩大和奢侈品交换的深入扩展奠定了基础。例如江诗丹顿（Vacheron Constantin）的手表，不再是单纯的计时工具，它传达了瑞士的钟表文化。丰富的想象力以及对艺术精益求精的态度让其蜚声国际，满足了男性对于权力和品位的追求，是成功人士的符号象征。

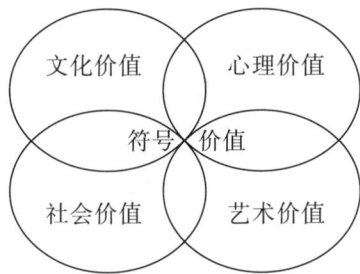

图 3－2　奢侈品品牌符号价值内涵

奢侈品品牌符号价值正是基于这一理解，通过非凡的艺术创作，对奢侈品进行文化意义的塑形，注入象征性内容，促使其超越商品价值属性，满足人们内心的心理渴望，使得奢侈品成为一种尊贵高雅的生活方式的传达，并最终代表"高级"的社会身份地位，奢侈品俨然已经成为现代人社会属性的象征符号。

三、奢侈品品牌符号价值生产的深层动因

奢侈品品牌符号价值生产源于需求体系和社会交流体系两条路径的相互影响，遵循从低级到高级三个层次的演变，从而确立了"区别""差异"和"比较"，完成了符号价值生产。

（一）需求体系的要求

当代社会处于机械化生产大丰收的时代，"存在着一种不断增长的物、服务和物质财富所构成的惊人的消费和丰盛现象……我们生活在物的时代，我们根据它们的节奏和不断替代的现实而生活着"[①]。在这个社会中数量繁多的功能相似的物和数量有限的更为精明的人形成一种对立关系。需求，这一原动力，紧紧将人与物联系在一起，然而在消费社会中，需求也发生了性质上的变化，也正是这种变化构成了符号价值产生的根本原因。

第一层次，需求不再局限于物的功能，而开始延伸到对意义的需求。物逐渐分裂为两个层面的内容——"客观本义"和"引申义"[②]。客观本义，是物的使用价值的现实功用性。鞋子的客观本义在于它能够保护双脚，衣服的客观本义在于它能够遮羞保暖，它们只能在使用中表现出来。引申义，它是由于"物品被心理能量所投注、被商业化、个性化、进入使用，也进入文化体系"[③]，它的产生满足了人的主观想象。鞋子和衣服成为一种时尚潮流、品位身份的代表。在消费社会中，物的两个层面的内容紧密联系、互相融合，作为一个表达整体而存在，人们甚至难以进行区分。例如买鞋就是满足护脚和时尚的双重内容需求。引申义自与客观本义区分开始，便使得需求转向了一定的意义层面，它可

---

① ［法］让·鲍德里亚著，刘成富、全志钢译：《消费社会》，南京：南京大学出版社，2001年，第1页。
② 夏莹：《消费社会理论及其方法论导论》，北京：中国社会科学出版社，2007年，第134页。
③ ［法］尚·布希亚著，林志明译：《物体系》，上海：上海人民出版社，2001年，第7页。

以被看作是符号价值的初步显露，但尚处于较低级的阶段。第二层次，从需求升级为需求体系。需求跳出了传统的个人选择范畴，也就是说需求不再是一个人对一个物的传统意义需求，而变成了一群人对成系列物的需求。① 这与当代社会现状高度契合，这个阶段的符号价值开始体系化。引申义处于这个体系之中，随之构成了一个意义等级，并由低到高指引着需求的实现。等级差异区分正是在这样的前提下产生的，由于区分逻辑所激发的需求体系总是高于实际的财富生产发展，需求体系使得人们的需求永远得不到满足，需求便变成了一种永不可及的欲望。第三层次，因为需求体系化的发展，对意义的需求进一步抽象化，最终变成一种"区别"和"差异"②。在这个层面上，物丧失原本的功能性，人们完全转向对符号的追求。符号价值超脱了原本的状态，物的意义表达是完全任意的——同一物品可以代表不同意义，同一意义也可以由完全不同的物来表达。这样的差异是人为的、主观的，也是永恒的，是由永远得不到满足的欲望而产生的。符号价值上升到前所未有的高度，任意的表达和永远无法触及的欲望成了整个需求体系中"区别"和"差异"确定的不竭动力。

由此，在消费社会中，需求作为一种需求体系而存在，逐渐转变成一种无休止的欲望，直接指向一种区别和差异，构成了符号价值生产的基本动因。

（二）社会交流体系的要求

美国经济学家凡勃伦在其《有闲阶级论》一书中提出工业社会滋生了"有闲阶级"，他们通过"炫耀性消费"来证明自己的财富、确定自身的社会地位。"'炫耀性消费'实质上就是一种对于符号意义的消费。"③ 在此我们可以理解为：阶层渴望通过消费所传达的符号价值完成现代意义的社会交流，通过这种方式才能在现代社会回答"我是谁"的命题。

第一层次，社会交流从引申义出现开始——当符号价值浮出水面，社会交流也正式进入人们的视野。汽车不再仅仅是代步的工具，它也是现代生活的直接代表。在一定程度上，汽车的拥有者能够享受这样约定俗成的社会交流的权

---

① 夏莹：《消费社会理论及其方法论导论》，北京：中国社会科学出版社，2007年，第136页。

② 夏莹：《消费社会理论及其方法论导论》，北京：中国社会科学出版社，2007年，第138页。

③ ［美］凡勃伦著，钱厚默译：《有闲阶级论》，海口：南海出版公司，2007年，第126页。

利。人仅仅需要占有物，就能言说自己的身份和地位，初步完成社会交流。第二层次，社会交流因需求体系的升级而转化为社会交流体系。需求体系是一群人对成系列的物的需求，这也就迫使社会交流形成特定的社会编码，最终成为社会交流体系。"一旦人们进入消费，那就决不是孤立的行为了（这种'孤立'只是消费者的幻觉，而这一幻觉受到所有关于消费的意识形态话语的精心维护），人们就进入了一个全面的编码价值生存交换系统中，在那里，所有消费者都不由自主地相互牵连。"① 社会交流体系正是在这样的情况下应运而生，伴随着消费行为，通过编制某种社会符码表达特定编码价值，成为集体性的行为取向。第三层次，最终在"比较"中符号价值完成社会交流的终极任务——确定"我是谁"。在社会交流体系中，人们需要通过符号价值理解社会的语言和价值取向，并按照社会约定俗成的意义规范完成作为社会人的基本交流。"就好的服装而言，其格外突出的特征就是，证明穿的人并不从事也不宜从事任何粗鄙的生产工作。"② 这并不是通过人与人之间真实的差异比较来完成，而是通过物的约定俗成的符码价值比较进行社会身份和地位的区分和鉴别，人最终通过这样的符号价值言说确定了自我，且由于这种产生符号价值的欲望具有永动性，人们会乐此不疲通过这种方式努力向更高层次迈进。

　　由此可以推断，社会交流体系的客观要求培育了符号价值产生的沃土，如图 3 - 3 所示。

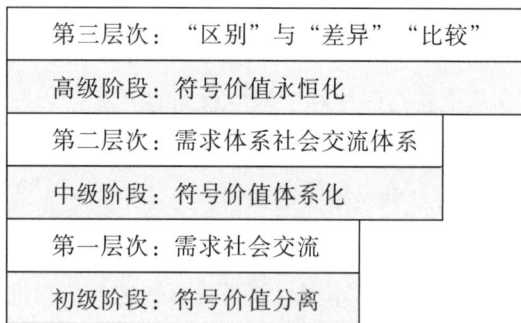

| 第三层次："区别"与"差异""比较" |
| 高级阶段：符号价值永恒化 |
| 第二层次：需求体系社会交流体系 |
| 中级阶段：符号价值体系化 |
| 第一层次：需求社会交流 |
| 初级阶段：符号价值分离 |

图 3 - 3　符号价值产生与发展的三个层次

---

　　① ［法］尚·布希亚著，林志明译：《物体系》，上海：上海人民出版社，2001 年，第 70 页。

　　② ［美］凡勃伦著，钱厚默译：《有闲阶级论》，海口：南海出版公司，2007 年，第 183 页。

（三）案例分析

爱马仕（Hermès）是源于巴黎的世界著名奢侈品品牌，早年以制造高级马具起家，迄今已有 170 多年的历史，其中爱马仕皮袋是其最成功的产品之一，凯利包①更是无数女性梦寐以求的对象。

凯利包具有传奇色彩，现在定制一只凯利包不仅需要昂贵的价格也需要好几年时间，这种超出了消费品牌和物品使用性的行为，隐藏了奢侈品符号价值生产的一般逻辑。初级阶段，符号价值分离。从需求层面而言，爱马仕凯利包分离为客观本义和引申义。作为皮包的客观本义是放置物品，它的基本属性能够在使用中体现，除此之外爱马仕凯利包开始具备一些初级意义，它的符号价值初步显露，也就是引申义所传递的凯利包代表了时尚和潮流，代表了尊贵和奢华。当凯利包的符号价值初步显露时，也就开始了社会交流。凯利包不只是一个放置物品的工具，拥有者能够享受约定俗成的社会交流的权利。人们直观地认为拥有凯利包绝不是普罗大众，他们是具有消费能力、社会地位和高级身份的人，这种社会交流在拥有凯利包的时刻就开始了。中级阶段，符号价值体系化。从需求层面而言，爱马仕凯利包的引申义——时尚、奢华、尊贵构成了一个意义等级，然而等级差异区分所激发的需求总是高于实际的财富生产发展，人们的需求永远得不到满足，这种需求升级为需求体系，也就是说对于爱马仕凯利包的需求不再是个人范畴，而是演变成一群人对爱马仕凯利包的需求，一经体系化，需求便更为稳定而不可及。需求体系是一群人对成系列的物的需求，这也就迫使社会交流形成特定的社会编码，消费者选择爱马仕凯利包已经不是由自己决定，而是出于社会交流的环境促使，众多明星、名人、名媛的追捧营造了爱马仕凯利包是高级身份地位象征的氛围，人们需要用它来进行社会交流，最终成为社会交流体系。高级阶段，符号价值永恒化。因为需求体系化的不断发展，人们对于爱马仕凯利包的意义需求进一步抽象化，至此完全丧失对皮包功能属性的要求。人们花费昂贵的价格绝对不是因为爱马仕凯利包能够放置物品，而是转为对符号的追求，其目的是为了与他人形成"区别"和"差异"，这种符号价值成为购买爱马仕凯利包理由的重中之重。需求层面的转变也伴随

---

①　1956 年，当时的摩纳哥王妃，好莱坞著名女星格蕾丝·凯利（Grace Kelly）正身怀六甲，美国《生活》杂志捕捉到她用爱马仕皮包遮掩因怀孕而隆起的小腹的画面，这个镜头引起了世界瞩目，其后爱马仕总裁将此款皮包命名为"凯利包"。

着社会交流层面的转变，简言之就是在拥有爱马仕凯利包的过程中比较自己的身份和地位，通过这种方式表明自己不是底层大众，而具有经济实力和精致品位。人最终通过这样的符号价值确定了自我，由于需求不竭、社会交流不停使得人们对于爱马仕凯利包的欲望不会消失，总有人需要用这样的方式证明"我是谁"，这也就成为爱马仕凯利包几十年来经久不衰的根本原因。至此需求体系和社会交流体系的双重要求促使奢侈品品牌进行符号价值生产，完成了从初级阶段的符号价值分离，到中级阶段的符号价值体系化，再到高级阶段的符号价值永恒化的升级。

四、奢侈品品牌符号价值的形成机制

现代奢侈品主要通过市场营销的手段进行意义赋值，因此本节认为观察奢侈品的市场营销行为是解读符号价值形成机制的必然之选和最优之选，它能够透过市场实践获取营造品牌符号价值的相关信息（见图3-4）。

图3-4 奢侈品品牌符号价值的形成机制

（一）昂贵价格和奢华外观的炫耀

昂贵的价格和奢华的外观是构成奢侈品品牌符号价值的首要条件，二者形成了与一般商品的基础性区别，满足了人们渴望通过消费来炫耀自己财富的社会心理。

毋庸置疑，奢侈品的高价格和奢华外观为消费者提供了炫耀性的价值功能。现代社会的阶级区分已经淡化，人们无从根据家族、血缘等先天的继承来划分社会地位属性，然而身处于社会中的人，仍旧需要用某种方式言说自己的身份和地位。凡勃伦所提及的炫耀性消费正好解答了这个疑惑。这种夸富式的炫耀能够使得社会大众心生羡慕，与此同时消费提升了他们的社会地位与声望，使得他们获得社会性的自尊与满足。现代人要进行社会交流，要确定自身的地位，必须通过购买和拥有商品的方式进行。例如蒂芙尼（Tiffany）珠宝包装独特，采用了特制的淡绿色珠宝盒，显得优雅大气又透露着梦幻的感觉，即使是超出同类产品的高价也无法阻挡狂热的蒂芙尼追求者。蒂芙尼之所以那么受欢迎，是因为拥有这些物品可以直接显露购买者的身份和价值，代表了自己是一个物质基础雄厚、身份地位高级且兼具品位的人。奢侈品的昂贵价格和奢华外观成了最为有力的证明方式，直接而单纯地道破了消费者的价值和内涵，这能够让消费者获得社会性的满足。在很大程度上，通过昂贵的价格和奢华的外观，奢侈品已成为一种社会区分的工具，显露出鲜明的符号价值属性。

（二）广告中的明星和场景的诱惑

奢侈品品牌符号价值的形成很大程度上依赖于现代广告的力量。麦克拉肯的"意义转移"模式提出，广告是实现商品符号价值化的主要手段之一。[①] 广告作为一种营销手段，具有很强的目的性。广告的目的之一是赋予商品某种文化意义，使其成为符号象征，或是让消费者习惯性联想消费品和某种文化意义。广告有力承担了告知消费者某种商品是独特的、重要的、人们争相拥有的对象的责任。

奢侈品的广告正是通过使用各种符号而赋予奢侈品更多的象征意义，其中主要包括人物和画面，例如，迪奥（Dior）真我系列香水广告，展现了T台模特的高品质生活场景。广告中，好莱坞明星查理兹·塞隆（Charlize Theron）成功塑造了自信、美丽的女性形象，在万众瞩目下展示出女性的天使般优雅和魔鬼般性感，是真女人的完美化身。金色璀璨的梦幻场景加强了情感渲染，让消费者陷入情境之中而心生向往，渴望成为像查理兹·塞隆一样富有魅力的女人。

---

① MCRACKEN G. Culture and consumption: a theoretical account of the structure and movement. Journal of consumer research, 1986 (6): 71.

广告道出真谛，实现心中所想就需要迪奥的真我香水，它拥有神奇的魔力，能让所有女人变得更完美。广告就是通过赋予奢侈品众多的象征性意义，使其构成一种可信的区分体系，由此构建了奢侈品是一种代表身份、地位和上流社会生活方式的象征形象。

（三）时尚领导与秀场文化的示范

时尚是奢侈品品牌符号价值形成机制中不可避免的话题，奢侈品总是和时尚紧密相连。时尚作为社会主流价值观，操纵着奢侈品消费的方向和进程。

根据德国社会学家、哲学家格奥尔格·西美尔（Simmel Georg）的理解，消费时尚包括两个方面：一是示同，一是示异。示同，就是借助消费来表现与自己认同的某个社会阶层的相同、一致和统一。示异，就是借消费显示与其他社会阶层的不同、差别和距离。上层阶层内部进行示同，借助商品与下层阶层示异，下层阶层通过商品购买模仿上层阶层；一旦下层阶层进行模仿，上层阶层就放弃旧时尚，以此来保持和下层阶层的距离。时尚模仿与时尚创新之间的时间差，使时尚呈现动态、短期、易逝和不断扩散的特征[①]。

奢侈品的时尚举动，主要是通过时尚领袖引导时尚革命的进程，通过秀场营销的方式打造奢华盛宴，通过时尚杂志传播时尚概念。这是自上而下的、由时尚领袖和媒体领导的示同和示异共存的推动奢侈品品牌符号价值不断更新和扩散的过程。具体而言，营销手段主要体现在以下三个方面。一是通过意见领袖或时尚领导者进行消费创新，并赋予奢侈品某种文化意义。例如卡尔·拉格斐凭借其非凡的艺术创造力、个人魅力，成为引领时尚的风云人物，他也赋予了香奈儿品牌独特的气质——突破寻常、极致个性。二是通过规模化的秀场活动，制造强烈的文化氛围，凝聚超强人气，将价值和意义升级。这样，上流社会、富豪、名人、明星才能直接参与其中，他们通过示同来确立自己的身份和地位，而大众是无法直接参与的。这在一定程度上是示异的时尚，大众由于可望而不可即，更增添了对奢侈品强烈的欲求。例如每年的意大利米兰时装发布会就是一场商业合谋，他们通过这些时装发布会告诉全世界今年将流行什么，只有时尚圈有影响力的人才能够亲临现场，无论名人还是明星都放下光环甘愿

---

① ［德］西美尔著，刘小枫、顾仁明译：《金钱、性别、现代生活风格》，上海：华东师范大学出版社，2010年，第95－102页。

充当配角。三是时尚杂志的传播作用，将文化世界的意义转移到特定的商品上。时尚杂志主要告诉大众能够通过购买奢侈品模仿上流阶层的生活，并将奢侈品所赋予的奢华、尊贵的生活理念传递给大众，引导其进行时尚模仿。琳琅满目的时尚杂志总有其强大的生命力，通过时尚教育和引导获取大众的芳心，构建奢华的美梦。

（四）商场服务与氛围的刺激

现代商场使得奢侈品获得了个体形式之外的符号价值，它是实现消费者自尊和满足的真实场所。

现代商场通过空间设计、商品陈列和人员服务赋予奢侈品意义与价值，包括情调、趣味、美感、身份、地位、氛围、气派和心情等，提供给消费者独特的体验。例如上海半岛酒店一楼的香奈儿精品店地处黄金地段，拥有 480 平方米的宽敞空间，进入后仿佛置身于贵族府邸，精品店由多个沙龙风格的房间组成，分别陈列着高级成衣、配饰、鞋履、高级珠宝及腕表，更特别地开辟了VIP 区。特别从欧洲甄选的精美古董、艺术品以及专门量身定制的装置艺术品点缀其间，为客人带来无比舒适优雅的"寓所"体验，呈现出低调、舒服、极致优雅的氛围。[①] 专属服务员为每一位顾客提供服务，及时洞察顾客所需并提供建议，使其享受贵宾般的待遇，提高顾客舒适感，并且使顾客更加确信自己能够通过消费来彰显财富，证明较高的社会身份和地位，通过这种自鸣得意的情感满足来实现身份尊贵的幻想。现代商场的陈列和服务使奢侈品成为一种"欲望"的符号，消费者通过这个符号表明自己的身份、地位和品位。

五、结语

奢侈品品牌能承载一定的文化和意义，作为自我需求和社会交流的形式而存在。人们追求奢侈品的品牌符号价值无可厚非，然而过度沉迷，则会造成一系列的负面影响。

其一，助长物质主义。消费至上、享受和炫耀助长了物质主义倾向，使个

---

① 《香奈儿上海半岛店即将揭幕被称最雅致精品店》，http://www.neeu.com/news/2009 – 11 – 27/13018_1.html。

人私欲不断膨胀，人疯狂地追求物质财富，物质成为一切的衡量标准，而人本身成了被动的、异化的消费动物，人们寄托于占有和消费物质财富上，崇尚物质主义，追求感官享受，在一定程度上削弱了对社会公共事务和他人的关心，造成社会冷漠（如一些富商对社会公益和慈善事业的冷漠）。其二，容易激发社会矛盾。例如郭美美炫富事件、马诺在《非诚勿扰》的拜金言论都引发了社会的轩然大波，大众纷纷指责这种急功近利、盲目追求奢侈、贪婪摄取的价值观，底层民众与富人建立起公然的界线，仇视心态愈演愈烈，微博上口诛笔伐，也表露出大众对中国社会贫富悬殊、两极分化的强烈愤懑和怨恨。其三，过高的奢侈品消费投入不利于经济长远发展。中国社会已然进入奢侈品消费的狂热时期，各大品牌如雨后春笋般在中国开店，大力挖掘中国市场，一些人沉迷于以金钱换取尊严和快乐，过分地投入于奢侈品消费领域。富人有自由支配金钱的权利，本也无可厚非，但是如果光顾追求享乐，迷恋奢侈品消费，对扩大再生产缺乏有力的资金投入，那么长此以往会对整个社会经济造成不良影响。

因此我们认为，理解奢侈品品牌符号价值内涵、形成原因和形成机制至关重要，这有助于提醒消费者保持清醒的头脑和培育理性消费的态度，不盲目追逐品牌符号价值，也有助于引导奢侈品消费循序渐进地健康发展。这些恰恰是中国转变为奢侈品消费大国后应该重新审视的重要问题。

（本节作者：杨先顺、郝晟。原文发表于《新闻界》2014年第2期，有改动）

第四章

广告话语的叙事分析

……

第一节　叙事话语分析作为广告
批评路径的背景、意义和问题

叙事话语分析（以下简称"叙事分析"）是话语分析理论的一个重要分支，同时又自成一体、别具一格。叙事分析作为广告批评的一种路径，是指运用叙事学理论和方法对广告文本的叙事形式、结构和内部各叙事要素之间的关系进行阐释，并结合社会文化语境和读者的接受过程，对广告文本中的意识形态信息、文化意义和权力关系进行解读和评判。在广告批评实践中，批评者们常常会注意使用跨学科的理论和方法，广告学、营销学、传播学、法律学、社会学、文艺学、符号学、心理学、精神分析、文化批评、女性主义、西方马克思主义和后殖民主义等人文科学和社会科学的理论与方法都得到了不同程度的应用，然而叙事学作为文本批评的一种重要的方法，在广告批评中却较少被运用。我们认为，这与经典叙事学将自身局限于对文学叙事作品的形式主义批评有关。随着后经典叙事学的兴起，叙事学的研究对象范围扩大到了所有具有叙事层面的文化产品，并与其他学科相结合，使其文本批评突破了文本内部的形式审美批评，与历史主义批评、意识形态批评、政治批评相结合。广告批评，应该对叙事学的这种发展作出积极回应。叙事分析，有理由成为广告批评的一种路径，促进广告批评的发展。

一、背景：后经典叙事学的观照

叙事分析作为广告批评的一种路径，是以 20 世纪 90 年代兴起的后经典叙事学对经典叙事学的发展和超越为背景的。

在结构主义语言学、俄罗斯形式主义、英美新批评的影响下，结构主义叙事学发轫于 20 世纪 60 年代的法国，并在国际上形成了一股引人瞩目的叙事研究潮流。但是，由于该研究将目光严格限制在文本之内，排斥了文本之外相关联的历史、社会等文化语境，结构主义叙事学在将文本内部研究推向极致的同时，也很快走向了形式的窠臼。20 世纪 80 年代以来，叙事学遭受了后结构主义和历史主义的夹攻，西方文学批评者纷纷转向文化意识形态分析，叙事学研究日渐式微。直至 20 世纪 90 年代，以女性主义叙事学为先驱的后经典叙事学兴起。后经典叙事学重新重视对文本内部叙事形式和结构的研究，同时又注重文本与外在的社会历史环境之间的关系。其对经典叙事学的理论模式和概念的大量采用，重燃了文学批评者对叙事理论的研究旨趣，对一度萎靡的经典叙事学起了"曲线相救"① 的作用。

相比于经典叙事学，后经典叙事学研究的特征之一是其研究对象范围的扩大。以普罗普和列维－施特劳斯为代表的早期的叙事理论研究，关注的是广义上的叙述语法问题，"它试图在不论以何种媒介所构成的、任何具有所谓叙述性的叙事作品中，去探寻它们所具有的共同特征，共同的叙述结构"②。而后来的结构主义叙事学家们则"主要基于以语言形式出现的叙述本文为其研究对象，而且更多的是以大量现实主义与现代主义小说作为研究对象"③。小说文体叙事模式丰富多样、社会文化底蕴丰厚，非常适合于进行深入细致的叙事分析。结构主义叙事学将研究目光聚焦于以小说为主的文学叙事，使其对于文本的内部结构研究得以深入。而后经典叙事理论的研究视野相较于经典叙事学而言，已拓展到其他媒介和其他类别的叙事，"就研究范围而言，后经典叙事学实际上将其范围延伸至文化意义上的叙事作品，无论这种叙事作品是以什么样的媒介形式出现的。这就意味着，众多具有叙述性的文化产品均可进入研究的视野之内。除了以语言为媒介的叙事作品，如小说、戏剧、叙事诗、神话、史诗、童话、民间故事等，还可以包括诸如音乐、绘画、建筑、电影、电视剧、民歌、舞蹈等文化产品，只要在这些作品中包含有'讲述故事'的意义"④。这种趋势可以从米克·巴尔的《叙述学：叙事理论导论》的原版（1985 年）和第二版（1997年）的区别看出来。该书阐述的理论和概念仍然属于经典叙事学的范畴，但是

---

① 申丹：《20 世纪 90 年代以来叙事理论的新发展》，《当代外国文学》2005 年第 1 期，第 47 页。

② ［荷］米克·巴尔著，谭君强译：《叙述学：叙事理论导论》（第二版），北京：中国社会科学出版社，2003 年，第 3 页。

③ ［荷］米克·巴尔著，谭君强译：《叙述学：叙事理论导论》（第二版），北京：中国社会科学出版社，2003 年，第 4 页。

④ 谭君强：《发展与共存：经典叙事学与后经典叙事学》，《江西社会科学》2007 年第 2 期，第 30－31 页。

作者对 20 世纪 90 年代的后经典叙事学潮流作出了反应。该书原版对"叙述学"的定义是"叙述学是关于叙述本文的理论"，第二版中则是"叙述学是关于叙述、叙述本文、形象、事象、事件以及'讲述故事'的文化产品的理论"。与此相适应，作者在第二版中，加入了大量对以电影、绘画和艺术等不同媒介出现的叙事作品的分析，扩展了叙述学的理论适用范围。① 由此可见，广告，作为消费主义社会中一种重要的大众媒介叙事，作为一种"文化工业"生产的"讲述故事"的大众文化产品，势必进入后经典叙事学研究的研究视野，或者说，叙事学成为广告批评的一种路径，是合乎叙事学发展的趋势的。

二、意义：以文本透视文化的广告叙事批评

显而易见，广告批评的对象就是广告。然而，由于广告具有多层次的内涵，广告批评也具有多层次的指向。首先，广告是作为文本而存在的，受众直接接触的是使用各种媒介和符号的广告文本；其次，广告是一种营销传播的经济活动，以促进销售为终极目的；再次，广告是一种社会行为，对社会大众产生影响，同时也受到社会法律、道德、伦理的制约；最后，广告也是一种大众文化现象，与文化语境存在着互动的联系。广告批评，正是在这几个不同的层面上展开的。

在这几个层面上展开的广告批评，对促进广告的健康良性发展都是有益的。不同层面上的批评各有千秋，很难说某一个层面上的批评就绝对优越于另一个层面上的批评。然而，目前国内的广告批评中存在着一些偏向，过度热衷于将广告视为一个整体的文化现象进行文化批判。李翠敏对国内专业期刊中的广告批评文章进行统计分析，认为国内的广告批评存在着一种"缺失"与"相对过剩"共存的现象："广告批评群体弃经济营销功能不顾，不约而同地关注于广告的社会文化影响，据统计，80% 以上的广告批评关注广告对社会文化的影响。"②这种文化批判取向一方面能够进行宏观的把握，提升批判性审视的高度，另一方面却极容易陷入脱离文本、主观随意的危险。丁俊杰提出：一些学者

---

① ［荷］米克·巴尔著，谭君强译：《叙述学：叙事理论导论》（第二版），北京：中国社会科学出版社，2003 年，第 8 页。

② 李翠敏：《关于我国广告批评现状及其提升的思考》，东北师范大学硕士学位论文，2008 年，第 17 页。

"忽视了广告作品本身的特殊性，将广告批评混同于一般的社会文化批评。就这一点，我也呼吁业界、学界的专家从广告创作规律的角度对广告作品能做出客观和真实的评判"①。此外，广告文化批评取向还可能走向"伪深刻"，对广告进行"上纲上线"的批判，导致所谓的"意义溢出"状况，即"人们对自己的研究对象的重要性的说明会超出对象实际具有的意义，即在文化研究中存在着一种把自己的研究对象的意义无限拔高的倾向"②。当然，我们只是指出过度热衷广告文化批判可能出现的问题，并不是否认广告文化批判的意义。相反，广告文化批判的高度和深度是对另一种批评倾向——只关注文本的审美价值的形式主义倾向的纠正。正如张殿元所批评的，"一段时间以来，广告视觉文化批判仍在沿用美学和文学评论的方法，只注重对单一文本的艺术特征和审美价值的批判而忽视了批判的形成过程和运作方式以及对社会文本的关注"③。因此，广告文化批判的意义无可否认，但关键在于批判的过程应避免脱离文本、主观随意、深刻却片面、空泛而漂浮的倾向。

反观叙事学的发展历程，也存在着文学批评的形式主义与反形式主义之争。经典叙事学的兴起，是对传统的小说批评理论的印象式、传记式、历史式的批评方法的一次转向。"结构主义叙事学将注意力从文本的外部转向文本的内部，注重科学性和系统性，着力探讨叙事作品的内部规律和各要素之间的关联。"④但它隔断了作品与社会、历史等文化语境的关联，忽视了读者的作用。这种局限性遭到了后结构主义和历史主义的诟病。"令人遗憾的是，西方批评界往往从一个极端走向另一个极端。"⑤ 20 世纪 80 年代之后，西方学者将注意力完全转向了意识形态研究，转向了文本外的社会历史语境，将作品视为一种政治现象，将文学批评视为政治斗争的工具，反对小说的形式研究或审美研究。马克·柯里将二十世纪七八十年代间形式主义的文本批评家与历史主义的语境批评家之

①　丁俊杰：《让广告批评成为影响广告发展的重要力量》，《大市场·广告导报》2006 年第 5 期，第 96 页。

②　张殿元：《广告视觉文化批判》，上海：复旦大学出版社，2007 年，第 395 页。

③　张殿元：《广告视觉文化批判》，上海：复旦大学出版社，2007 年，第 68 页。

④　［英］马克·柯里著，宁一中译：《后现代叙事理论》，北京：北京大学出版社，2003 年，"新叙事理论译丛总序"第 1 页。

⑤　［英］马克·柯里著，宁一中译：《后现代叙事理论》，北京：北京大学出版社，2003 年，"新叙事理论译丛总序"第 1 页。

间的争论称为"知识史上最为荒唐的论战"①。

如果说，这一种尖刻的对立在 20 世纪 90 年代之前的文学批评研究确然存在的话，在后经典叙事学的视域中，这种对立已经消弭融合，不构成问题了。申丹教授认为，叙事学研究可以分为叙事语法（叙述诗学）和叙事作品阐释（批评实践）两个主要类别。"经典叙事学主要致力于建构叙事诗学，而后经典叙事学则在很大程度上将注意力转向了批评实践。……叙事诗学必须脱离语境来建构，而对作品进行的叙事批评则应考虑社会历史语境。"②因而，后经典叙事学在对叙事文本展开批评时，仍然沿用经典叙事学的概念和模式并作为技术支撑，但同时更考虑作者、文本、读者、语境的交互作用，并且与女权主义、巴赫金主义、精神分析、接受美学、历史主义、修辞学、话语分析等研究方法相互沟通，形成了后经典叙事学的多个流派。以后经典叙事学中最重要、影响最大的女性主义叙事学为例，女性主义属于政治批评范畴，结构主义叙事学属于形式主义范畴。女性主义的批评方法过于印象化，缺少科学系统的分析，而经典叙事学忽略了文本的意识形态内涵和社会、历史等文化语境。女性主义叙事学正是女性主义批评与结构主义叙事学批评的结合，"这样构成的'女性主义叙事学'将形式分析与意识形态分析融为一体，打破了西方文学界形式主义与反形式主义之间的长期对立"③。

与文学批评相仿，当前的广告批评也面临着文本的形式审美批评和意识形态批评、社会文化批评如何相结合的问题。而后经典叙事学也同样为广告批评提供了方法论上的途径：从与受众直接接触的广告文本入手，以经典叙事学的理论模式和概念为基础，对文本内部的叙事结构和审美形式进行分析，结合女性主义、意识形态分析、文化研究以及社会学批评、修辞学、话语分析等方法，同时考虑读者在接受过程中的意义建构作用和社会文化环境对意义的制约作用，揭示隐藏于文本形式之内的意识形态信息、文化意义和权力关系。将叙事分析作为广告批评的一种路径，可以将形式批评与意识形态批评、政治批评、文化批评结合起来，使广告批评从观感式的批评转向科学系统的分析，从文本中透

---

① ［英］马克·柯里著，宁一中译：《后现代叙事理论》，北京：北京大学出版社，2003年，第 9 页。

② 申丹：《20 世纪 90 年代以来叙事理论的新发展》，《当代外国文学》2005 年第 1 期，第 52 页。

③ 申丹：《叙事形式与性别政治——女性主义叙事学评析》，《北京大学学报》（哲学社会科学版）2004 年第 1 期，第 136 页。

视文化，提升广告文本批评的文化洞察力，同时避免广告文化批评中主观随意、无限拔高的倾向。

三、问题：广告叙事的身份确认与碎片化特征

叙事分析作为广告批评的一种路径，其理论背景和实践意义在上文已经阐明。但是，叙事学是关于叙事文本的理论，叙事分析应用于广告批评，首先必须解决的是广告成为叙事学分析对象的身份确认问题，即"广告是不是叙事文本"的问题。

要对广告进行叙事学批评，自然会首先产生"广告是不是叙事文本"这一问题。但是，这一直观的提问方式并不适宜。广告，即使是狭义上作为广告作品的广告，也并不是一种类似于神话、小说、戏剧、电影、电视剧、新闻的文本体裁。广告可以各种媒介为载体，广告可以使用语言、文字、声音、形象等多种符号。广告的规定性在于文本传递产品和品牌信息的功利性目的，而并不在信息传递的方式。换句话说，广告信息可以以任何可能的方式呈现，只要这些信息传递了产品和品牌的信息。在广告信息的传递方式中，叙事不可能是唯一的方式。但观察我们所接触的广告，我们可以毋庸置疑地断定：叙事是组织广告信息的一种方式，而且是一种重要的方式。也即是说，能够作为叙事分析对象的广告叙事文本是存在的。

再者，我们认为，叙事在现代广告中的应用有增强的趋势。从大众媒体的历时性的先后出现来看，大众媒体的发展过程是媒体的叙事能力增强的过程，从报纸到广播，是空间性媒体向时间性媒体的发展，时间性媒体"天生"就适宜于叙事。电视的出现，同时使用声音、形象和文字，无疑是一种更为优质的叙事媒体。本节作者之一曾对港台电视广告中的叙事话语进行了分析。[①] 网络则是多媒体的综合平台，使叙事方式更加多样化。从大众媒体的共时性共存来看，电波媒体中的广告叙事是司空见惯，无须赘言。而平面媒体也同样在"讲述故事"。平面媒体的图片广告虽然是静止的图片，但也具有"讲述故事"的能力，并且，文案的使用和读者的阅读过程也在参与叙事的建构。比如大卫·

---

① 杨先顺：《港台电视广告的后现代叙事话语》，《暨南大学学报》（哲学社会科学版）2005 年第 3 期，第 120 – 124 页。

奥格威的海赛威衬衫广告中的戴着独眼眼罩的男人，伯恩巴克的"我寻出了琼的底细"广告的那只猫，虽然呈现的是静止的形象，却能让人"读"出一段故事来。平面媒体中的文字更是被用来线性地讲述故事。故事型的广告软文可以说是其中的极致表现。早在1910年的《申报》上，上海名商黄楚九就曾聘请《二十年目睹之怪现状》的作者吴趼人写过一篇《还我灵魂记》的"软文"，以纪实之名行鼓吹"艾罗补脑汁"功效之实。① 而现代报刊中的"软文热"也可以被视为广告向新闻叙事的"借力"。总之，叙事是广告中一种重要的信息组织方式，并且有进一步增强的趋势。这种趋势，使得叙事分析在广告批评中有了更广阔的"用武之地"。

叙事分析作为广告批评的一种路径可能遭遇的第二个问题在于：广告叙事的碎片化特征。与小说、神话、电影、连续剧乃至新闻等"发达的"叙事类型相比，广告叙事是一种大量而简短零碎的叙事文本。这种碎片化特征会造成对广告文本进行叙事分析的价值的质疑。对此，我们认为，一方面，广告文本的简短使得创作者更加注重叙事建构的精致性；另一方面，对于广告文本，我们并不是为了叙事分析而叙事分析，在阐释其审美形式之外，更重要的是对其内在的文化信息的解读。米克·巴尔在《叙述学：叙事理论导论》的第二版中新增了"叙述学的文化分析运用"一章。在该章中，她提出，叙述学并不是要证明对象的叙事性质。"问一个对象是否'是'叙事既是十分明了的，也是毫无用处的。""叙事是一种文化理解方式，因此，叙述学是文化的透视……从这样一种观点出发，文化产品、事件或其活动的范围可以详尽地加以分析。"② 既然我们以透视广告话语中的文化为目的，我们就不必再去纠缠于广告的叙事性质，不必再介意于广告与其他类型叙事相比不是一种"发达的""丰富的"叙事。广告，可以作为叙事来感知和阐释。这种阐释是以透视广告话语中的文化为旨归的。

[本节作者：杨先顺、张山竞。原文发表于《暨南学报》（哲学社会科学版）2009年第6期]

---

① 刘家林：《新编中外广告通史》（第二版），广州：暨南大学出版社，2005年，第113页。

② ［荷］米克·巴尔著，谭君强译：《叙述学：叙事理论导论》（第二版），北京：中国社会科学出版社，2003年，第264－266页。

第二节　港台电视广告的后现代叙事话语

　　20 世纪 50 年代末后现代主义思潮在西方兴起，一时间"后现代""后现代性"和"后现代主义"成为学界的热门话题，并引发了广泛而深入的讨论。王岳川认为："后现代性的显著标志是：反乌托邦、反历史决定论、反体系性、反本质主义、反意义确定性，而倡导多元主义、世俗化、历史偶然性、非体系性、语言游戏、意义不确定性。"① 后现代主义思潮迅速在各个领域产生了全球化的影响，对处于后工业化时期的香港与台湾也产生了重大影响。作为消费文化透视镜的电视广告自然会折射出这种绚丽多姿、令人眩晕的后现代景观。这一现象值得广告学研究者的关注。

　　另一方面，在 20 世纪 60 年代末，叙事学作为一门学科正式形成，但由于早期的叙事学理论过分强调形式结构的研究，而忽视了文化语境、意识形态和社会现状对文本（或话语）的影响，所以在 20 世纪 80 年代走向低谷。到了 20 世纪 90 年代，叙事学自觉接受后现代主义的洗礼，呈现出"多样化、解构主义和政治化"的倾向②。赫尔曼将这一时期的叙事学称为"新叙事学"，而柯里则称之为"后现代叙事理论"。这就为后现代主义广告研究提供了新的工具和手段。本节试图借鉴有关"后现代主义"的研究成果（简称"后学"）和后现代叙事理论，对港台电视广告的后现代叙事话语进行分析和探讨。

一、反讽与戏仿：叙事模式的裂变

　　反讽（irony）是西方文艺理论的一个重要概念，它源于希腊文"eironia"。"反讽的基本性质是假相与真实之间的矛盾以及对这矛盾自身无知。"③ 而戏仿

---

　　① 王岳川主编：《中国后现代话语》，广州：中山大学出版社，2004 年，第 3－4 页。

　　② ［英］马克·柯里著，宁一中译：《后现代叙事理论》，北京：北京大学出版社，2003年，第 8 页。

　　③ 沧海：《论中国近期小说的反讽现象》，《廊坊师专学报》1994 年第 2 期，第 12 页。

（parody）是对既有作品的戏谑性模仿，它可以说是一种特殊的反讽。反讽叙事并非后现代主义所独有，但后现代反讽与传统美学的反讽有截然不同的艺术取向。美国后现代主义研究者哈桑认为：后现代的反讽是一种由阿兰·王尔德所界定的"悬置式反讽"（suspensive irony），此种反讽充斥着具有荒诞性、多重性、随意性以及或然性等征兆的暧昧态度。①

在信息技术占主导地位的后工业社会，人们的消费行为发生了深刻变化，消费呈现出象征化、符号化和娱乐化的倾向。同时由于网络媒体的普及，人们的传播观也在转变，传统大众媒体的话语霸权受到冲击，年青一代更喜欢用网络媒体的个性化来对抗传统大众媒体的大众化，用网络媒体的互动性、游戏性来逃避传统媒体的强迫性和正统性。在此背景下，如果电视广告一味扮演消费专家和话语权威的角色，必将会引起新一代消费群体的厌恶和反叛。因此，电视广告中传统叙事模式的裂变就不可避免，而悬置式反讽和戏谑性模仿正是这种裂变的"怪胎"。这一变化在近年来的港台电视广告中显得尤为突出。

台湾意识形态广告公司创作的斯迪麦橘色口香糖电视广告《体罚篇》播出后曾引起社会上的强烈反响，该片向人们展示了这样的情景：在以紫色为主的色调中，一群小女生神情茫然，她们有的哭泣，有的惊恐，显然受到了体罚的折磨和惊吓。正当观众以为她们要大声申诉时，画外音却传来小女生怯生生的问话："请问部长，哪种护手膏比较有效？"由于斯迪麦橘色口香糖的目标消费者主要是高中以下的小女生，因此广告以她们所关注的问题——体罚——作为创意的题材是顺理成章的，但是广告片却没有表现体罚的过程，画面甚至有唯美的倾向，而最后一句向教育部门负责人问有关护手膏的问题更是让人不可理解。其实，这是一种典型的后现代悬置式反讽，它语言冷漠、态度暧昧、荒诞随意，受众从广告片中感受到的是困惑和压抑。在传统的反讽叙事中，对于体罚这种有悖现代教育理念的行为，一定会极尽讽刺之能事，用冷嘲热讽的手法批判、挖苦，态度非常鲜明。但是在这里创作者没有用体罚的场面激发人们的震怒，没有用滑稽的场面调侃体罚学生的老师，创作者似乎中性、冷漠，保持"情感零度"的叙事状态。在广告片的最后非但没有喊出谴责这种行为的煽情口号，反而说了一句无关痛痒的话。一个非常重要的社会性话题就这样被轻描淡写地解构了。但是，如果我们反过来思考一下，这恰恰体现了另外一种

---

①　路文彬：《游戏历史的恶作剧》，《中国文化研究》2001年夏之卷，第99页。

"真实"，对于体罚这样一个令管理者颇感头痛的问题，一个小女生如何去义正词严地抗议呢？一个商业广告如何去展开"宏大叙事"，从而最终解决这一社会性问题呢？

戏仿叙事在近年来的港台电视广告中也经常出现，它有两种方法。一种是在原有叙事文本的基础上进行创造性的改编，使目标受众获得轻松、戏谑的快感。例如台湾老虎牙子有氧饮料电视广告《司马光篇》，便是篡改了司马光砸缸的历史故事：一个小孩不慎落入水缸中，别的小孩惊慌失措，叫人救命，这时少年司马光走了过来，只见他拿起一块石头，似乎要向水缸砸去，但镜头一切换，人们看到司马光没有砸缸，而是把石头放在水缸旁，然后踩着石头把头探到水缸口，问落水的孩子："你缺氧吗？"之后镜头切换到该饮料。这种戏仿是对经典的解构，它消解了原故事中劝喻、说教的话语功能。其先用受众所熟悉的故事造成似曾相识的亲近感，然后"偷梁换柱"，使原故事出现意外的结局，让受众在戏耍和娱乐中接受产品。另一种方法并非以已有的文本为基础进行仿造，而是以历史人物为主角，以历史事件为依托，编撰一出当代消费的喜剧。例如香港某洋酒广告便截取张艺谋导演的《大红灯笼高高挂》中的一个片段来进行戏仿，限于篇幅这里不再赘述。

由上述广告我们可以看出戏仿叙事的两个重要特点：①新文本与作为戏仿对象的文本（或历史事件）应具有惊人的表象同构性，即表面看来十分相像，让人有似曾相识的熟悉感；②新文本的意义或价值取向要彻底颠覆戏仿对象的原有意义或价值取向，以产生强烈的戏谑感。

二、零散与拼贴：叙事结构的离析

后现代叙事还可以通过秩序和逻辑的破坏来实现，取而代之的是反秩序、反理性、反逻辑的零散化和互不相关叙事碎片的拼贴。以查特曼和波特、拉森等为代表人物的电视叙事理论认为，大部分叙事体一般按线性结构，每一叙事体都由故事和表述组成，故事又分为两种成分：事件（行动、事情）和存在（人物、环境）。事件又分为核心场景和附属场景，核心场景具有动荡、阻碍、复杂、对抗、危机、大团圆六大功能，而附属场景又有注释、戏剧提问、介绍人物等十二种功能。[1] 可见，传统电视叙事话语是一个结构严谨、逻辑缜密的

---

①　波特、拉森等：《叙事事件的重新诠释——电视叙事结构分析》，《世界电影》2002 年第 6 期，第 39 页。

符号系统，它遵守"时间、地点、情节"相统一的"三一律"。再看电视广告的叙事结构，尽管传统电视广告也有不同类型及表现手法，但总体上体现了和谐和完美、秩序和理性。如情节式电视广告，总是遵循"开始—发展—高潮—结束"四个环节来推进，故事的起承转合相当完整。而实证式电视广告更是将严密性、理据性推向极致，如宝洁公司的化妆品广告的三段式法"美女—动画—美女"已成为化妆品广告的叙事范式。即使是富有想象力的幽默式电视广告也有较为稳定的章法可循，即主要以不和谐或意外制造幽默效果，要求既在意料之外，又在情理之中。

但是，在后现代电视广告中这些法则都受到前所未有的挑战和冲击。在后现代电视广告中我们难以看到完美的情节，难以看到实证的逻辑，难以看到镜头语言的明晰与流畅，难以看到情感之渠的有序流淌，也难以看到古典式的幽默（代之以黑色幽默）。用符号学观点看，在后现代电视广告中能指和所指的关系被隔离和肢解，能指最终没有指向所指、突显所指，而是从所指那里游离出来，这种现象即法国结构主义符号学家巴特所说的"能指的漂移"，正如吴文虎先生所分析的"符号所指——意义使人难以辨认，而能指则像万花筒一般令人眼花缭乱，无所适从"①。

在台湾维力茶怪兽饮料电视广告《三只怪兽篇》里，能看到一系列怪异行为的随意剪接，而广告片结尾，那个阴阳怪气的男声又将这种怪诞与产品强行拼贴在一起："谁在享受怪怪的自己，茶怪兽在这里！"由于能指和所指的分离，茶叶和茶饮料的传统文化内涵荡然无存，人们在"怪怪的"能指中体验到一种精神分裂式的错乱感。这种错乱感在香港 Sunday 电讯的减价电视广告中得到更为强烈的印证：在万籁俱静的深夜，某司机打开车门，准备开动汽车，这时车窗外出现了一个女鬼，她把脸贴在车窗上，司机被吓晕了。创作者的意图是用极端恐怖的手法表现"价格减到吓死人"的主题。这里"女鬼"和"减价"是表面上无关联的异质之物，当两者被拼贴在一起时，能指的冲击力远远超出了所指本身。但广告也因此产生了负面效应，许多观众忽视了广告所传达的意义（所指），却被怪异的能指所惊吓，于是他们纷纷向有关部门投诉，致使该广告被停播。

台湾意识形态广告公司为中兴百货创作的电视广告堪称华人后现代主义广

---

① 吴文虎：《电视广告的社会文本解读》，《现代传播》2002 年第 2 期，第 89 页。

告的典范。以许舜英为代表的意识形态广告创意人主张"影像就是商品"，认为广告表现已进入艺术定位时代。① 在此理念指导下创作的中兴百货电视广告，没有故事情节的架构，没有产品功能的图解与论证，也没有形而下生活场景的营造，而是注重以零散化的唯美画面进行抽象化、符号化的拼贴，风格鲜明，但意义模糊，让受众在能指的层面上享受视觉的盛宴，体味影像符号所传达的格调与感觉。

零散化与拼贴化叙事为何产生于后现代文化语境中呢？原因在于后工业社会出现的"技术异化"现象，技术原本是人发明的、为人服务的，却异化为一种异己的力量统治着人，控制着人，人的主体意识逐渐丧失。人处于"非我的'耗尽'（burn-out）状态"，"体验的是一个变了形的外部世界和一个类似'吸毒'一般幻游者的'非我'"②。在这样一种后现代语境中，非理性的、混乱的、不确定的零散化与拼贴化叙事似乎更吻合后现代人的精神分裂式的心态。但在电视广告的实际操作中，我们必须首先确定目标消费者是否真的具有后现代的意识和潜意识，否则就会出现上述 Sunday 电讯电视广告的失范与失宠现象。

三、削平与消解：叙事意蕴的搁浅

削平，即杰姆逊所说的"平面感"，指的是文本深层意义的取消。这里我们将消解界定为消除文本的象征意义、价值意义和历史意义。如果说削平是拒绝意义的深刻性，那么消解就是抛弃意义的宏大性。在后现代叙事话语中，本质与现象、深层与表面、真实与非真实、能指与所指的二元对立与对应已不复存在。因此文本没有必要制造"表层意义"和"深层意义"的分隔，受众也没有必要透过"表层意义"发掘"深层意义"，因为两者之间的区分已不存在。同时由于个人对文本的解读是仁者见仁，智者见智的，所谓"一千个读者就有一千个哈姆雷特"，因而文本的象征意义和价值意义也是不确定的、难以掌控的，这样倒不如不去寻找这些意义。而所谓历史意义更是因为后现代语境中历史的"非连续性"（杰姆逊语）造成的"符号链条的断裂"（拉康语）而丧失殆尽。下面我们分析港台电视广告的一些个案：

---

① 唐忠朴：《广告创意策略与表现》，北京：中国友谊出版公司，1996 年，第 128 页。

② 王岳川：《后现代主义文化研究》，北京：北京大学出版社，1992 年，第 240 页。

在台湾摩托罗拉中文传呼机电视广告《八卦篇》中，镜头将中国古今有关"八卦"的零乱画面拼贴在一起，并配以戏说意味的旁白："自从盘古开天辟地以来，中国人就沉浸在八卦的世界，古代人用八卦算八卦，现代人用 Call 机传八卦。大地频道延续中国固有传统美德，运用最新科技为大家戏说八卦。发扬国粹，让八八……八卦艺术化！"其实，在汉语中，"八卦"一词本身就具有相互消解的二重意义，一是指《周易》中的"八卦"，它体现了中国古代玄妙神秘的哲学思想，属于宏大叙事话语；二是指生活中的"八卦"，意为"无聊、下流的东西"，如绯闻之类，属于微小叙事话语。上述广告语言便是用后者对抗前者，从而削平了"八卦"的深层哲学含义，有趣的是当这种意义消去后，叙事者又煞有介事地宣称"发扬国粹，让八八……八卦艺术化！"这其实是用能指的戏说性（调侃、结巴的语调），消解所指的崇高性和严肃性。而在香港 Sunday 电讯企业形象电视广告《示威篇》中我们看到了更具颠覆性的削平与消解：一群示威者唱着雄壮的歌曲，举着标语牌，浩浩荡荡走向与他们对峙的警察，相持数秒后，示威者竟拿出手机纷纷扔了出去。但我们不要以为这是一场争取自由平等的社会运动，也不要以为是工人抗议资本家的罢工行动，这些深层的社会意义统统被 Sunday 电讯"独立日"的浅层含义注销了。更离谱的是 Sunday 电讯在另外一个电视广告中，竟然用一个衣冠楚楚的中年男子在大街无人的时候痛快地放了一个屁来表现 Sunday 电讯出位的个性。该广告以平庸、粗俗和丑态消解了传统美学中崇高典雅的价值意义，充分体现了后现代主义蔑视宏大意义的世俗化取向和打破一切准则的叛逆思维。在这里，后现代广告就像哈桑所描述的后现代艺术那样，"通俗与低级下流使艺术的边界成为无边的边界。高级文化与低级文化混为一谈"①。

四、小结

从以上分析我们确实可以看出港台电视广告叙事话语的后现代主义倾向，但是它能否成为主流叙事话语？能否与传统叙事话语彻底决裂？内地（大陆）在电视广告创作过程中能否以及如何借鉴港台的经验？这些均值得我们进行深

---

① 转引自曾耀农：《中国近期电影后现代性批判》，武汉：华中师范大学出版社，2004年，第99页。

入的研究和讨论，对此笔者想提出两点初步看法：

首先，港台电视广告中后现代叙事话语无论是现在还是将来都难以成为主流叙事话语。这是因为：①叙事话语的演变受社会环境、传统文化和文本自身等各种因素的综合影响，那种认为后工业社会必然是后现代主义文化抢占话语霸权，因而必然导致电视广告中后现代叙事话语占主导地位的想法，是幼稚的直线思维方式。况且香港和台湾目前尚没有全面进入后工业社会。②更重要的是后现代叙事话语着眼于对现代及以往叙事话语的解构和反叛，其本意是倡导一种多元化的叙事话语，而不是让自己取代现代及以往叙事话语的霸权地位，占山为王。

其次，内地（大陆）电视广告虽然可以借鉴港台电视广告中的后现代叙事话语，但是我们必须清醒地看到内地（大陆）和港台的深层文化心理、社会环境与社会制度还存在着差异。内地（大陆）传统文化的积淀较为深厚，具有后现代心态的消费者还相当少。所以，尽管内地（大陆）广告人都比较欣赏港台优秀的后现代主义广告，但如果真的把这类广告移植过来，消费者将难以产生共鸣。如香港生力清啤系列电视广告，就是用卡通人的恶作剧来消解现行的道德准则。其中一则广告表现的是卡通人在椅子下偷看女同事的裙底风光，另一则广告表现的是卡通人脱下裤子将尿射到挂在墙上的画布上，广告却美其名曰"行为艺术"。这则广告显然没有去批判那些有悖道德准则的行为，而是以一种调侃和黑色幽默的方式进行叙事。该产品的目标消费者是青少年，在香港没有人批评这些广告模糊了道德的界限、误导青少年做坏事，因为人们已习惯了周星驰式的无厘头搞笑。同属粤语区的广东人也可能会以宽容的心态对待这些调侃人性阴暗面的广告。但如果是在内陆播放，定会招来众多非议。

后现代主义电视广告能够在港台立足并形成流行文化的一股旋风的深层原因在于，台湾、香港的文化语境和社会环境为此提供了适宜的"气象"条件。在台湾，"从 20 世纪 60 年代开始台湾在衣食住行、文化娱乐、生命遗传工程等方面都出现了后工业社会信息膨胀和标新立异的新症候"①，80 年代台湾"解禁"以后社会思潮更为庞杂，文化上呈现出传统文化、西方文化、日本文化和当地少数民族文化多元并存、杂乱无序的格局，加之后工业社会给人造成的迷惘、困惑的心态，后现代主义电视广告更能引发他们的共鸣。在香港，长期的

---

①　王岳川：《后现代后殖民主义在中国》，北京：首都师范大学出版社，2002 年，第 252 页。

殖民统治对传统文化造成了严重的压制，按市场逻辑运转的无深度的都市世俗文化大行其道，消费意识弥漫，精神价值流失，影像符号随意复制，文化领域的后现代倾向较为明显，所以后现代主义电视广告就不难为那些受西方文化浸染的消费者所接受。然而，内地（大陆）却与港台有很大的差异，尽管传统文化曾受到"文革"的冲击，尽管西方文化（包括后现代文化）对意识形态造成一定的影响，但传统文化和现行的政治文化仍然处于主导地位和核心地位。因此，虽然内地（大陆）电视广告可以汲取港台电视广告追求新奇、不断求变的创新精神，可以借鉴港台电视广告的表现手法（甚至后现代叙事手法），但后现代主义电视广告在内地（大陆）缺乏相应的文化语境、社会环境和消费形态，因而难成大器。

［本节作者：杨先顺。原文发表于《暨南学报》（哲学社会科学版）2005年第3期，有改动］

第五章

广告传播的伦理探析

……

第一节　朋友圈广告的伦理审视

2015 年 1 月 21 日微信朋友圈首次上线原生广告，50% 以上的用户对此并不惊讶，因为有 70% 的用户在其他社交产品见过类似的广告。① 而且，用户各类自发广告早已存在于朋友圈。作为微信的二级功能设置，朋友圈拥有 80% 以上的微信用户使用率，截至 2017 年 9 月，平均日登录用户数高达 9.02 亿，朋友圈日发表视频次数就达 68 000 万。② 朋友圈已成为绝大多数微信用户的生活方式，而用户与朋友圈"共同生活在一起"亦是既成事实，触及了"共生"的核心要义。

"共生"概念最早由德国学者德贝里（1879）提出，是指"不同生物共同生活在一起"（living together）。从词源上来说，"共生"这个词是指生活在一起，因此完全可以用于更广的意义上。③ 的确，"共生"一词在 130 多年的传播演变中，已经从生物学领域深入社会各个领域，从早期物种的种间关系探讨泛化成人类、社会两项间的长期紧密关系探讨。马丁（Martin）认为共生的核心要义包括长期亲密的种间关系和共同生活在一起。④ 作为人类种属的用户与作为附着微信物种其上的朋友圈虽然建立了长期亲密的共生关系，但是应该看到的是：朋友圈是一种有别于公开式的微博等明社交（light social）的暗社交（dark social）。暗社交是一种基于"一对一"私人关系的内容分享，更能呈现出用户的真实意愿，主要来源于即时通信工具（如微信）、邮件（如各类订阅邮件）和无痕浏览（如阅后即焚功能）。⑤

---

① 数据源自企鹅智酷 2015 年 1 月 23 日发布的《朋友圈广告首份用户研究报告》。
② 数据源自 2017 年 11 月 9 日微信团队在成都腾讯全球合作伙伴大会上发布的《2017 微信数据报告》，本文中涉及数据若无特殊标注，均来源于此报告。
③ SAPP J. Evolution by association：a history of symbiosis. New York：Oxford University Press，1994：32 – 45.
④ MARTIN B D，SCHWAB E. Symbiosis："living together" in chaos. Studies in history of biology，2012，4（4）：8 – 11.
⑤ 周瑞华：《下一站社会化营销："暗社交"》，《成功营销》2016 年第 11 期，第 18 – 19 页。

因此，朋友圈不只是微信的功能设置，事实上已经上升为私人关系内容分享的重要渠道，将包括广告在内的各类内容分享至"朋友圈"是目前分享的普遍方式。虽然用户通过微信提供的不可见技术——雷达加朋友、面对面建群（进而由群再加好友）、扫描二维码名片、添加或邀请通讯录中的朋友等各种方式，可以将各类朋友快速聚集，找到了一个用户生产内容（UGC）的新空间，但是，朋友圈也仅是相对封闭的新空间，因为其设定了面向圈内外的开放性，内外部信息能够便捷地分享至朋友圈，这种技术的设置客观上增加了用户发送广告的可能性。更为重要的是：用户在朋友圈留下的个人数据也并不完全属于自己，而是被微信"标签化"后再次利用——转售给广告主，从而获取利益，原生广告即是明证。因此，用户只是免费租用了微信提供的新空间而已，正如法国学者赛尔所言："我们的数据并不属于我们个人妥善所有，我的意思是我们不能完全占有自己的数据。我们只能再一次荣幸当选租用者的角色。"①

目前关于朋友圈广告的研究主要集中在朋友圈原生广告的传播特征、机制、接受程度以及参与效果等方面②，鲜有探讨朋友圈广告的伦理问题，对用户的自发广告关注明显不够，仅有部分研究者探讨了极端的朋友圈微商广告③。笔者认为，朋友圈广告主要来源于用户和微信双方，虽然用户与朋友圈形成了长期紧密的共生关系，但当双方以广告进入，由于广告天生的商业逐利性，将会给朋友圈带来显的伦理风险，需要我们从共生角度审视广告的伦理问题，进而实现用户与朋友圈广告的共生进路。为区别当前的研究，笔者将朋友圈广告分为两类：将用户发送（包括分享）的各类广告称为自发广告；将微信方推送的信息流广告称为原生广告。

一、朋友圈广告的伦理审视：软污染与隐私数据

目前，朋友圈已经从强关系走向了泛关系。"微信号所联结的朋友圈，并非传统意义上的'朋友'，而是交往意义上的'熟悉人'，有些甚至是仅知其名而

① ［法］米歇尔·赛尔著，谭弈珺译：《生地法则》，北京：中央编译出版社，2016 年，第 92 页。
② 这方面的代表性文献有：《微信朋友圈广告的传播特征及效果》《基于消费者互动视角的朋友圈广告接受度研究》《微信朋友圈信息流广告用户参与效果研究》。
③ 蒋静静：《微商刷屏背后——基于模因论的微商朋友圈广告语研究》，《新媒体与社会》2015 年第 2 期，第 197－209 页。

不知何时见过的'过客'。"① 朋友圈这种"朋友"的混杂性隐含着信息传播的随意性，用户作为朋友圈的租用者，有引发自发广告信息污染的潜在风险；微信作为朋友圈原生广告的推送者，虽然获得了用户的默许，但是，其背后隐含的是用户隐私数据的伦理问题，这一问题正在侵袭朋友圈的社交意义。

（一）自发广告的软污染问题

1. 网络节点污染：自发广告的软污染源头

"软污染"是赛尔针对信息环境提出的新概念。他认为污染源自人类占领世界的意愿以及征服世界、扩张领土的欲望。污染可分为滥用物资的硬污染与发送弊端的软污染。在赛尔看来，所有的广告都是软污染，因为它是"通过软符号对空间进行势如瘟疫般的侵占"②。笔者认为原生广告还远未达到赛尔所宣称的"软污染"程度，但是对于朋友圈自发广告，却日益呈现"软污染"的态势。一个节点即是一个连接点，可以连接朋友圈的每个人，编织成一张巨大的社会网络，因此，包含广告内容的节点就成为自发广告软污染的源头。例如，将自发广告当成个人信息发送已成为低劣微商混迹朋友圈的常态。艾瑞报告指出：朋友圈已经成为 1 500 多万微商自发广告的集散地。③ 微商广告内容低俗粗鄙，视觉污染严重，强制性传播也让大多数用户没有选择权，让用户防不胜防。④

朋友圈这种自发广告的"软污染"不同于物质滥用的"硬污染"能够让我们及时发现，也不同于在固定场所（比如商场、地铁）这些看得见的地方发布广告，让我们有种心理预期，它通常在我们看不见的节点发送，又能让朋友圈所有人看见。从这个意义上讲，网络节点是造成自发广告软污染的重要发送弊端，是影响朋友圈社交的软污染源头。始终对广告持有批判态度的赛尔曾深刻地指出："这种柔软通常是看不见的，但是却以和坚硬一样迅速的速度席卷事物

---

① 蒋建国：《微信成瘾：社交幻化与自我迷失》，《南京社会科学》2014 年第 11 期，第 97 页。

② ［法］米歇尔·赛尔著，谭弈珺译：《生地法则》，北京：中央编译出版社，2016 年，第 103 页。

③ 数据源自艾瑞咨询发布的 2017 中国微商行业研究报告。

④ 杨嘉仪、马中红：《社交媒体时代微商广告监管的困境和出路——以微信为例》，《中国广告》2017 年第 2 期，第 114 页。

的空间和我们的关系。"① 各类自发广告一旦在一个节点高频发出，编织进入连接的网络中，而广告内容与朋友圈"朋友"又无直接关联，将带来广告的泛滥与"朋友"的唾弃，进而影响用户之间的社交关系。

2. 节点主体责任缺失：自发广告的软污染扩散

既然自发广告的污染源头是节点，那么造成软污染扩散的主体应该是处于节点中的人即节点主体。孙玮认为节点主体是指"人作为主体，及其与客体、与其他主体之关系，不是由先在的单一、固定本质决定的，而是在网络的节点中动态地呈现出来的"②。网络使得原本静止不动的节点发生了变动，即信息从一个节点流向另一个节点，在节点的流动过程中，实现了信息的扩散。显然，决定节点流向的是处于动态网络中的节点主体，节点主体承担责任与否是自发广告软污染能否扩散的关键。

从责任伦理的角度分析，网络节点的动态可供利用性是节点主体的绝对命令，正如责任伦理提出者约纳斯认为：技术时代的绝对命令是一切皆可利用，一切皆可制造，一切皆可消费。③ 人人皆可利用朋友圈，拥有通过广告制造消费行为的权利，但是，权利的正确行使往往与责任紧密相关。责任是建立在对他者的反应性感受基础上的，它要求的是无条件的责任和行动。④ 节点主体的责任缺失，就意味着节点主体不顾朋友的感受，通过节点随意传播自发广告，从而引发软污染扩散。

（二）原生广告的隐私数据问题

1. 边界问题：利用隐私数据的内容与形式边界

顾理平认为隐私数据的"一次使用"是个人或组织直接获得个人隐私数据的过程；而"二次使用"则指对上述获得的个人隐私数据进行加工、分析、处理之后得到的结果并加以利用的过程。⑤

---

① ［法］米歇尔·赛尔著，谭弈珺译：《生地法则》，北京：中央编译出版社，2016 年，第 120 页。

② 孙玮：《微信：中国人的"在世存有"》，《学术月刊》2015 年第 12 期，第 17 页。

③ 张旭：《技术时代的责任伦理学：论汉斯·约纳斯》，《中国人民大学学报》2003 年第 18 期，第 70 页。

④ 汪行福：《从康德到约纳斯——"绝对命令哲学"谱系及其意义》，《哲学研究》2016 年第 9 期，第 84 页。

⑤ 顾理平：《个人隐私数据"二次使用"中的边界》，《新闻与传播研究》2017 年第 9 期，第 76 页。

每个用户注册微信号，都向微信主动提供了"一次利用"的隐私数据，以获得相应的社交服务。除了这种最简单的"一次利用"外，用户还在朋友圈大量呈现个人日常生活及行为信息，为微信提供了海量的"二次利用"隐私数据。大量这种"二次利用"的隐私数据往往是在用户不知情或未许可的情况下被后台"看不见的技术"加工、分析、处理，并根据隐私数据性质，转化为不同的标签形式，获得用户的画像，进而向第三方售卖原生广告，实现商业利益的变现。

根据笔者对腾讯社交广告平台关于原生广告的相关内容整理，目前朋友圈设置了1 000多条用户标签，有基础用户定向、垂直行业定向及相似人群扩展3类定向方式，可细分为用户行为、用户状态、用户环境、兴趣爱好、基本属性、自定义等20多种定向方式。其中，基础用户定向就包括地理位置、用户状态、消费能力、移动定向、用户行为等超过200种特征和行为标签。仅以一级定向为例，涉及地域、年龄、上网场景、用户学历、生活状态、商业兴趣、App行为定向等多达19种标签①，基本涵盖了朋友圈用户的所有隐私数据。这种对隐私数据的"二次利用"往往是在后台悄悄进行的，这就产生了原生广告利用隐私数据的内容边界问题：用户生成隐私数据内容与微信收集隐私数据之间的界线在哪里？具体而言包括：微信平台应在何种层面上收集用户隐私数据？是否应该告知这种收集行为？是否需要明示隐私数据的处理过程？

另外，原生广告还存在隐私数据形式边界问题。美国互动广告局认为原生广告作为一种"愿望"，意味着广告主与广告商希望广告投放能够做到三个一致：与页面内容一致、与网页设计一致、与受众在平台上的行为一致。② 要做到以上三个一致，原生广告需要对用户的内容、行为进行数据分析，进而设计与朋友圈形式一致的风格。朋友圈原生广告是基于类似朋友的原创内容形式在朋友圈中展示的广告，无论是本地推广广告、原生推广页广告，还是小视频广告、图文广告，页面内容、设计风格都与朋友圈一致，而且还设置了用户"点赞""评论"的功能，与用户在朋友圈的社交形式完全一致。这种形式的一致正是原生广告不同于传统广告的重要特征，原生广告通过这种形式上的混同与模拟，客观上淡化了"二次利用"隐私数据的形式边界问题，获得了用户的主

---

① 根据腾讯社交广告官网关于原生广告的介绍重新整理而成。
② 康瑾：《原生广告的概念、属性与问题》，《现代传播》2015年第3期，第112页。

观认同。

2. 善恶问题：利用隐私数据的善意与恶意伦理

"恶"是"善"的对立面，"如果说恶为分离，善为联结，那么恶也成就了善，联结原则无法从其对立面独立"①。按以上善恶伦理评判标准，似乎很难将原生广告评判简单化约为善与恶。原生广告既具有联结用户的友好与善意，作为朋友圈的原生广告在社交媒体环境下，减少了对消费者的侵入性，消费者也对原生广告持有更加积极的态度②，但其也有在用户背后通过不可见技术处理隐私数据的恶意。

从体验的角度而言，用户对原生广告持有"认可"态度，认为它是具有"善意"的。它的"善"体现在：推送了精准匹配用户的广告信息内容；提供了更适合用户体验的广告信息形式；明确标注了"广告"字样；也赋予了用户处理广告信息的功能，以减少"不感兴趣"原生广告的推送。

从操作层面来看，原生广告却带有"恶"意，因为它的运作来源于对用户个人及其行为数据的"二次利用"，利用了个人的隐私数据。无论是原生广告的内容还是形式，都带有一定的"欺骗性"，让用户放松了对隐私数据的保护意识，甚至还参与进了原生广告设置的情境中。尤其是用户"有事就秀，有空就晒，有话就说"的前台过度分享行为被微信后台精准记录，成为勾勒用户画像的隐私数据，后台进而推送更加精准的原生广告，长此以往，用户的隐私将会受到威胁。

二、朋友圈广告的共生进路：延伸共生与联结共生

美国心理学家詹姆斯认为个体的自我是他拥有物的总和。③据此，美国营销学者贝尔克提出"延伸的自我"概念，认为拥有物即是个体自我的内在组成部分，换言之，拥有物即是自我的延伸。"延伸的自我包括个体的思想、身体、

---

① ［法］埃德加·莫兰著，于硕译：《伦理》，上海：学林出版社，2017年，第268页。

② LEE J, et al. A double-edged sword? Predicting consumers' attitudes toward and sharing intention of native advertising on social media. American behavioral scientist, 2016, 60（12）：524.

③ 潘琼：《用户贡献内容：数字化时代的自我延伸》，《新闻界》2016年第12期，第53页。

物质财产、家庭、朋友以及隶属组织。"① 朋友圈自发广告来源于节点主体，自发广告即是节点主体自我的拥有物，延伸了自我，并通过伦理规约，延伸了节点主体自我的利益与诉求，从而形成了节点主体与广告的共生状态，我们称之为延伸共生。

法国哲学家莫兰认为一切伦理都可以归结为联结："所有对伦理的关注都应该看到，道德行为是一种联结的个体行为：与他人联结，与社区联结，与社会联结，直到与人类种属联结。伦理是联结，联结是伦理，联结是首要的伦理律令，它指挥着相对于他人、社区、社会和人类的其他伦理律令。我们需要联结，因为我们处于未知的探险中。"② 原生广告也是一种联结，因为它试图用广告实现与消费者需求的联结。一直以来，洞察消费者，满足消费需求，一直是广告的联结理想。朋友圈的原生广告正是对用户隐私数据定向标签化后与消费者的精准联结，在伦理的归约下，原生广告的传播与个人的隐私数据处于人机共生状态，我们称之为"联结共生"。

然而，节点污染和责任缺失，侵袭了自发广告的延伸共生；隐私数据的内容、形式边界与善恶问题也影响了原生广告的联结共生，需要我们审视朋友圈广告的伦理问题，进而实现朋友圈广告的共生进路。

（一）朋友圈自发广告的延伸共生：适度延伸自我与承担主体责任

自发广告作为自我延伸的拥有物通过朋友圈网络扩散更快，成为软污染源头，影响了用户现实世界中的自我延伸，因为朋友圈的"朋友"均来源于现实世界，亦属于用户的"自我延伸"。从这个意义上讲，自发广告的软污染阻碍了现实"自我延伸"，又造成了网络中"自我延伸"的过度。

1. 适度延伸自我

贝尔克认为"随着互联网尤其是 Web 2.0 的出现，通过设备参与社交媒体、在线游戏、虚拟世界以及其他数字活动，极大地拓展了个体向别人呈现自我的方式"，自我延伸的拥有物越来越呈现出非物质性③。就朋友圈用户而言，自发

---

① BELK R W. Extended self and the digital world. Current opinion in psychology, 2016 (10)：50.

② ［法］埃德加·莫兰著，于硕译：《伦理》，上海：学林出版社，2017 年，第 156 页。

③ BELK R W. Extended self in a digital world. Journal of consumer research, 2013, 40 (3)：477–500.

广告的照片、影像、文字等各类数据的发布越来越具有隐性，这些数据被保存在用户免费租用的微信平台上，已经没有实体物质可以触及的外壳，日益呈现为一种自我延伸的"非物质化"。适度延伸自我意味着我们需要正确看待作为拥有物的自发广告。

首先，以现实世界自我的"拥有物"为伦理参照，注意适度性。自发广告虽然能够广泛延伸自我，但是，其作用的对象是现实世界中的"朋友"，而"朋友""自发广告"属于自我的拥有物，均是自我延伸重要的组成部分，需要我们把握适度原则，包括勿以"广告"干扰"朋友"，己所不欲，勿施于人。

其次，谨慎呈现自发广告的"非物质性"，增强相关性。自发广告的"非物质性"虽然相对物质实体而言是隐性无形的，但是，大量呈现这种"非物质性"的软污染信息，既扰乱了朋友圈的社交意义，也带来了自我延伸的随意性。为此，用户需要正确认识自我延伸的真正意义，通过自我的道德调节，纠正广告的过多展示与发送，不将追求私利的欲望作用于他人，以获得朋友的善意、友谊与情感，让自发广告成为解决他人需求的方式，在适当的时间将准确的信息传递给合适的消费者，满足其对美好生活的愿景才是对延伸共生最好的注解。

2. 承担主体负责

利益的权衡一直是伦理的重要议题，"为己"还是"为他"成为伦理各个流派关注的焦点。责任伦理则以"他者"为伦理逻辑起点，是一种为他伦理，改变了传统伦理以"己"为逻辑起点的思维偏差。[①] 因此，责任伦理可以说是一种妥协伦理，即从他者的视角思考自我与他者的社会关系以及应该遵循的伦理规约。从此视角审视自发广告的节点主体责任，需要将自发广告看成遵循道德实践的延伸共生，进而形成共识，开启对话。

第一，应将自发广告视为一种自我选择的道德实践。自发广告挑战了广告的权威，每个用户均可以以自我为节点主体，发送各类广告信息，这成为一种自我选择的道德实践。但不能完全按正规广告的伦理要求道德绑架节点主体，也不能以社会道德的律令禁止自发广告行为，因为节点主体体现了人的主动性，用户应通过自我的控制律令，坚守广告的真实与有效性，才能体现人的尊严，维护朋友圈的社交关系。

---

① 曹刚：《责任伦理：一种新的道德思维》，《中国人民大学学报》2013 年第 2 期，第 70 页。

第二，应在自发广告的道德实践中形成共识。朋友圈是各类社交关系的社群，既有血缘关系的亲情，也有地缘关系的友情，更有业缘关系的商情，呈现一种混杂状态。对自发广告的道德律令不是节点主体自我的独白，而是朋友圈节点主体之间基于自发广告的道德实践，获得延伸共生。只有通过节点主体之间的沟通与理解，才能形成对自发广告应遵循的普遍道德的律令，获得社群普遍认可的共识。

第三，适时开启自发广告道德实践的真正对话。无论是朋友圈沉默在场的用户，还是经常刷屏的用户，如果节点主体都在自发广告的道德实践中心怀对方，设身处地为他人着想，那么，基于节点主体开展彼此的对话就有可能实现，在对话中明确利益相关者的责任与义务，实现延伸共生。这种对话既可以是对朋友圈自发广告的各类评论回复或点赞，也可以通过群聊等朋友圈外部社群实现。

（二）朋友圈原生广告的联结共生：加强隐私边界管理与坚持伦理协商原则

美国学者佩特罗尼奥的"隐私边界协调管理"（privacy boundary coordination operations）认为边界的管理有三个方面：边界的渗透性，边界的联系性，边界的所有权。① 由于用户仅是朋友圈的租用者角色，边界的所有权并非完全属于用户，原生广告可以渗透而入，而节点主体的节点处于动态网络联系中，且能通过分享至圈外将个人的隐私边界打破，而这种个人隐私将以"标签"的形式转化为获利的"原生广告"，提供给广告主，因此，朋友圈原生广告的隐私边界管理具有典型的动态性，加强隐私边界管理尤为必要。另外，隐私边界管理涉及用户、微信、广告主三方主体，需要三者在隐私数据保护的框架里进行伦理的协商。

1. 加强隐私边界管理

首先，用户应注意"自我披露"管理，知晓微信涉及的隐私数据内容边界。在社交媒体环境下，"自我披露"（self-disclosure）是指向他人公开自己的私人信息。② 由于朋友圈用户体量巨大，个人身份、性格、经历、计划、兴趣、

---

① 邬心云：《网络自媒体中个人信息传播的边界及其管理》，《中国出版》2013 年第 1 期，第 55 页。

② KOOHIKAMALI M, et al. Beyond self-disclosure：disclosure of information about others in social network sites. Computers in human behavior, 2017, 69：30.

生活、职场等多种形式的自我披露越来越普遍，这些海量隐私数据为微信进行"二次利用"提供了更加细化的商业大数据。未来定向标签还将更加细分，基于朋友圈对用户进行精准画像也将成为现实，微信完全可以将用户的"数据隐私内容"变成可将原生广告商业化的"标签"，以实现精准营销与智能匹配。从这个层面而言，微信其实已经在一定程度上试探了用户的"隐私"，只是大多数用户尚未察觉。

2017 年 9 月 14 日晚间，微信向更新版本的用户明示了《微信隐私保护指引》①，这一指引首次详细明示微信涉及的各类隐私问题，而用户只有同意以上消息才能继续使用微信，引发质疑。这从一个侧面反映出用户对朋友圈涉及的个人隐私数据内容边界并不完全知晓。此前国家层面的隐私条款专项评审亦显示：包括微信在内的 10 款产品和服务均做到明示其收集、使用个人信息的规则，并征求用户的明确授权②，签署了《个人信息保护倡议书》，体现了对用户的尊重与敬畏。虽然从隐私保护的透明度而言，微信首次明示了用户隐私，但是，朋友圈原生广告的来源是基于用户个人隐私的"自我披露"，是对用户"自我披露"行为的某种越界，即从对朋友圈中他人的内容公开转化为微信原生广告商业化的标签内容，因此，从用户的角度建立抵御这种越界的伦理防线，知晓朋友圈涉及个人隐私数据的内容边界，是加强伦理边界自我管理的必要措施。

其次，微信需尊重用户的"不使用权"，慎重对待隐私数据的形式边界。随着社交人数不断激增，西方学界提出了社交媒体等的"技术不使用"（technology non-use）相关理论，腾讯研究院在斋戒实验（2016）中也发现实验者不使用微信时，最先斋戒的就是朋友圈，并用"小众退潮"表达朋友圈用户的活跃度降低。③ 我们在此基础上提出对原生广告的"不使用权"，即微信需充分尊重用户对原生广告"不观看""不参与"等不选择权利。原生广告这种"生于形式""原于内容"的新型网络广告，其内容原生是基于形式的原生，它

---

① 《微信隐私保护指引》对隐私保护作了详细说明，但用户必须同意以上条款才能继续使用微信，这一点被许多用户认为是"霸王条款"，目前微信尚未对此作出回应。

② 2017 年 9 月 24 日是国家网络安全宣传周"个人信息保护主题日"，该日发布了微信等首批 10 款互联网产品和服务隐私条款评审结果，以上 10 家企业共同签署了《个人信息保护倡议书》。

③ 黄莹：《语境消解、隐私边界与"不联网的权利"：对朋友圈"流失的使用者"的质性研究》，《新闻界》2018 年第 4 期，第 73 页。

创造了利用隐私数据精准营销的契合形式，用户虽然逐渐习惯了这种原生广告的呈现，但微信应谨慎对待这种形式可能带来的个人隐私数据问题，因为这种形式使得原生广告"引发了旨在愚弄消费者的故意欺骗阴霾"①。因此，从长远看，对现有原生广告形式进行优化，直接在原生广告页面上设置"关闭"功能，体现用户"不使用广告"权利，既能检测原生广告的效果，也将有助于净化朋友圈的广告环境，让广告与用户共生。

2. 坚持伦理协商原则

"微信朋友圈隐私规则的制定是一个动态、多维的过程，人们通过社会化过程，或与他人协商，制定新规则而不断学习、细化规则，新规则的调整与整合不能突破法律与伦理道德的底线要求。"② 有研究者总结出原生广告伦理存在的三大问题：一是反映原生广告主的观点；二是原生广告与消费者生活日志的关联；三是原生广告的信息披露。③ 原生广告的伦理问题深刻反映出原生广告利用用户隐私数据的善恶问题，也意味着朋友圈原生广告涉及微信平台、广告主、用户三方利益主体，需要三方在隐私数据伦理保护的框架内，协商解决原生广告存在的个人隐私数据利用的善恶问题。在此，我们提出伦理协商的三条原则：

第一，真实性原则：微信应要求原生广告主对广告负责。保证原生广告的真实性和准确性，这是朋友圈原生广告与用户共生的前提。恰当提示广告旨在与用户建立怎样的关系，这是朋友圈原生广告发展消费者关系的基础。朋友圈作为用户长期生活的社群，是品牌通过原生广告建立消费者关系的重要社交平台，提示关系意图，既能减少用户消费品牌时的善恶顾虑，亦有可能发展建立更加友好、亲密、长期的品牌关系。

第二，提示性原则：广告主在用户参与原生广告时，应提示交换关系可能涉及的隐私数据问题。无论是通过功能设置让用户评论或点赞朋友圈原生广告，还是吸引用户点击进入广告页面，原生广告与用户都是一种交换关系，而这种交换关系往往被微信平台记录，或多或少涉及用户隐私数据。在用户参与原生

---

① TAYLOR C R. Native advertising: the black sheep of the marketing family. International journal of advertising, 2017, 36（2）: 207.

② 王波伟、李秋华：《大数据时代微信朋友圈的隐私边界及管理规制——基于传播隐私管理的理论视角》，《情报理论与实践》2016年第11期，第41页。

③ KOGA H. The trap of quantification of advertising effectiveness: a preliminary study of the ethical challenges of native advertising. Springer Berlin Heidelberg, 2015: 540.

广告时，存在隐私悖论（privacy paradox），即隐私态度与隐私行为的不一致。[1]表现为：网络用户虽然感知到隐私风险的存在，但不会采取有效的隐私保护行动[2]，尤其当自我披露隐私行为能够获得即时、切实、有形的回报时，用户愿意参与其中。面对用户的隐私悖论，广告主在激发用户参与行为时，应提供可能涉及收集或记录个人隐私的善意提示，比如提示用户可能会获取其地理位置信息，让消费者自我权衡参与广告的利弊：是否愿意以个人信息交换原生广告给予的各类利益？

　　第三，透明性原则：微信需面向用户适时披露原生广告的运行机制。目前朋友圈原生广告均标注了"广告"字样，但由于形式上的混淆，仍然存在一定的恶意，其背后运行机制的"黑箱"依然没有打开。舍恩伯格深刻地指出：我们时刻暴露在"第三只眼"之下，而我们的隐私被二次利用了，不管是告知用户还是获得用户许可，抑或是对数据进行模糊化和匿名化处理，这三大隐私保护策略都失效了，如今很多用户都觉得自己的隐私已经受到威胁。[3] 朋友圈原生广告虽然没有完全威胁到用户的隐私，但是由于其潜在的隐私数据利用问题一直存在，并且普通用户对原生广告的了解还远远不够，"随着原生广告的快速增长，消费者越来越有兴趣提高对在线原生广告反应的理解"[4]。因此，作为获得广泛认可的朋友圈信息流广告，微信平台适时展现原生广告的运行机制，通过透明化广告操作，实现联结共生，是未来原生广告良性发展的重要方式。

三、余论

　　虽然朋友圈用户与广告共生已是既成事实，但是由此产生的伦理问题仍不容忽视。朋友圈日益呈现出"朋友"的混杂性，由节点自发广告极易造成信息的软污染，而节点主体的责任缺失，又加剧了广告软污染的扩散；原生广告虽

---

　　① KOKOLAKIS S. Privacy attitudes and privacy behaviour: a review of current research on the privacy paradox phenomenon. Computers & security, 2015 (64): 122.

　　② 李兵、展江：《英语学界社交媒体"隐私悖论"研究》，《新闻与传播研究》2017 年第 4 期，第 99 页。

　　③ ［奥］维克托·迈尔·舍恩伯格著，周涛译：《大数据时代》，杭州：浙江人民出版社，2012 年，第 193 页。

　　④ ZARZOSA J, FISCHBACH S. Native advertising: trickery or technique? An ethics project and debate. Marketing education review, 2017, 27 (2): 107.

然缓慢渗透至朋友圈，但是其对用户隐私数据的"二次利用"无论在内容上还是在形式上都涉及用户隐私数据的边界问题。遗憾的是，我们无法用简单的善恶二元论评判原生广告的是与非。笔者对自发广告与原生广告的伦理审视，目的是从适度延伸自我与责任主体负责两方面实现自发广告的延伸共生，通过加强隐私边界管理，坚持伦理协商原则，实现原生广告的联结共生。

2018 年 3 月以来，美国社交媒体 Facebook 深陷"数据门"，后被证实有8 700万用户信息数据泄露①，这再次警示了"二次利用"隐私数据的伦理边界问题。《互联网女皇 2018 报告》指出：全球科技公司正面临着使用数据提供更好的消费者体验与侵犯消费者隐私之间的"隐私矛盾"。② 中国虽有网络安全法的法律约束，但我国网站对个人信息的保护状况仍不容乐观。③ 而微信针对注册地为一线或新一线城市的用户开放朋友圈第二条广告位④，反映出微信作为朋友圈的调节方对增加社交广告的强烈愿望。腾讯公布的 2017 年度财报显示社交广告年收入 256 亿元，第四季度收入同比增长近 70%（82.40 亿元），朋友圈是其中主要的贡献者。⑤ 可以预见的是：原生广告利用隐私数据问题将成为未来用户突破隐私悖论后关注的焦点。

在目前尚无完善的法律规制的情况下，微信与用户双方都应该基于朋友圈，接受伦理的规约，不让广告主的商业利益侵袭朋友圈的社交价值。本节提出的伦理共生进路，是为了警示朋友圈两类广告有可能导致"成功在广告上，失败在道德上"的伦理风险，进而呼吁用户与微信双方加强道德自律的重要性，以维护双方共存的朋友圈，实现用户与广告的共生。

（本节作者：李德团、杨先顺。原文发表于《学习与实践》2018 年第 6 期，有改动）

---

① 《Facebook 数据泄漏事件波及人数上升至 8 700 万》，网易，http://tech.163.com/18/0405/08/DEK73T1Q00097U7R.html。

② 《2018 互联网女皇报告中文完整版来了!》，凤凰网，http://finance.ifeng.com/a/20180531/16329797_0.shtml。

③ 邵国松等：《我国网站个人信息保护水平研究——基于〈网络安全法〉对我国 500 家网站的实证分析》，《新闻记者》2018 年第 3 期，第 55—65 页。

④ 《微信开放第二条广告位》，网易，http://news.163.com/shuangchuang/18/0323/09/DDISM8JO000197V8.html。

⑤ 《腾讯公布 2017 年度财报　全年总营收 2 377.6 亿元》，腾讯科技，http://tech.qq.com/a/20180321/030319.htm。

第二节 微信朋友圈用户的伦理关系失范现象探析
——基于生态伦理视野的分析

"微信是互联网开启的传播技术断点平衡进化环节中的一个新兴物种。"①
新兴物种的快速繁殖与扩散生成了一个庞大的生态系统,目前微信已成为国内
手机端即时通信类 App 的第一应用,微信朋友圈亦保持八成以上的使用率②,
这实现了微信的理想——"希望建造一个森林,培育一个环境,让所有的动植
物在森林里面自由生长"③,以及腾讯基于微信自身生态系统"连接一切"的开
放式连接器思想④。

需要指出的是,朋友圈是附着在微信这一新兴物种之上的功能设置,与一
般的纯社交应用存在明显区别,朋友圈依附微信生态系统存在,其功能属性隶
属于微信的整体架构,其功能激活触发于个人的日常生活与交往。

目前关于朋友圈的研究虽然指出了现实与网络社交的泛化问题及由此带来
的交往疲劳、情感疏离,交往肤浅、碎片化等失范现象,但未能回应朋友圈背
后所依托的微信生态系统对现实与赛博两大空间的对立或映射关系,亦有意忽
略了"微信,作为一种生活方式"的文化主张,我们认为:朋友圈各类失范现
象背后折射的是朋友圈用户这一主体形成社会关系的复杂性与多样性,其实质
是以用户为主体不断作用于朋友圈这一客体,并以此为中介物,引发人与人之
间的伦理关系。

在社交媒体环境下,伦理关系是社会关系发展过程中形成的人与人、人与
中介物的关系。由于朋友圈将在线与在世的社会关系互嵌与并置,且随时随地
跟随用户处于移动场景变动中,旨在关注在世的人伦关系的传统人际伦理,无

---

① 严玲:《微信:媒介化生存的新物种》,《现代传播》2016 年第 2 期,第 143 页。

② 《第 40 次〈中国互联网络发展状况统计报告〉》,CNNIC,2017 年 8 月 4 日。

③ 《微信创始人张小龙 2016 最新内部演讲》,搜狐网,http://mt.sohu.com/20161031/
n471908278.shtml。

④ 《马化腾再谈"连接"微信生态系统再造》,新浪网,http://finance.sina.com.cn/
2015-12-19/doc-ifxmszek7293221.shtml。

法解释在线尤其是在线与在世交织的伦理关系。而理解复杂伦理关系的最佳方式则是关注人与中介物及两者构成的系统之间的相互影响与相互作用，这种理论视角的指向正是生态伦理。缘此，本节基于生态伦理视野，首先从个体层面探讨朋友圈与用户的价值关系、用户与用户的社交关系两大方面存在的失范现象，其次从整体层面剖析朋友圈社群、平台与广告主交织的利益关系存在的失范现象。

一、用户与朋友圈的价值关系失范：关系异化与主体性迷失

德国生态哲学家萨克塞（Hans Sachsse）指出：由于生态问题的日益突出，19世纪仅仅局限于"研究生物体同外部环境之间关系"的自然生态学，20世纪60年代扩展至研究人和人类社会的生态伦理学。[①] 目前生态伦理形成了以人类中心主义为主潮、以自然中心主义为新潮的两大学派。[②] 前者强调人的利益及其主体地位，同时承认和尊重自然的"内在价值"；[③] 后者则主张应把伦理学的视野从人扩大到一切生命和自然界。[④] 两大流派的意图均在于突出具有人类的社会属性以及与生俱来的生物属性，从而建立人类与自然在伦理上的关联。因此，从生态伦理的视角来看，"伦理关系不仅包括人与人的关系，也包括人与自然的关系"[⑤]。但是，把人与自然的关系作为伦理关系考察，须将其看成是作为主体的人与作为客体的自然之间的对象性关系才有意义，即作为客体的"物"由于具备了满足人的某些功能与属性的效用，从而形成物对人的价值关系，才能被视为伦理关系，这是生态伦理学分析伦理关系的基本立场，也是考察人与物之间伦理关系的基础。

通过对微信界面的分析可以发现：微信由"微信""通讯录""发现""我"四大板块构成自身生态，朋友圈仅是"发现"功能下面的二次功能设置，与"扫一扫""摇一摇""附近的人""购物""游戏""小程序"以及通过

---

① 李蕙岚：《"生态人"理论探析》，《天府新论》2012年第1期，第68－72页。

② 傅华：《生态伦理学探究》，北京：华夏出版社，2002年，第7－32页。

③ 傅华：《西方生态伦理学研究概况（下）》，《北京行政学院学报》2001年第4期，第84页。

④ 陈剑澜：《西方环境伦理思想述要》，《马克思主义与现实》2003年第3期，第96－101页。

⑤ 朱海林：《伦理关系论》，北京：光明日报出版社，2011年，第1页。

"实验室"由用户自行决定添加与否的"搜一搜""看一看"等新功能并置，每一板块都可以与朋友圈连接。朋友圈为用户提供了强大的功能属性，从图文上传、点赞、评论等基本功能，到查看权限、收藏、表情分享、分类标签、位置标注、搜索、翻译、分享短视频、照片编辑、朋友圈互动设置不通知等高级功能，这些均能满足用户自主生成内容的需求，获得了个体存在与发展的意义生成，经由朋友圈提供的外部与内部功能实现连接个体与个体、个体与群体的意义交换价值。由此，朋友圈与用户形成了价值关系。

随着用户的激增，微信更新带来的朋友圈功能越来越强大，用户与朋友圈的价值关系也日益密切。如此，浏览微信朋友圈成为每天的必须，而人的大量碎片化时间被其占据，反过来影响了主体，作为主体的人反而对此形成了精神依赖，导致作为工具客体的朋友圈削弱主体，人有可能被物化，物也反过来被人化。换言之，"价值"被转化为客体对主体的意义建构，用户的主体性呈现迷失状态，表现出价值关系的"异化"。

"异化是对象化、物化的延伸，是由人创造他物而他物又束缚了人的过程。"[①] 价值关系异化正是将主客体这种满足与被满足、服务与被服务的关系颠倒过来。朋友圈虽然作为技术工具"是人的一切感觉和特性的彻底解放"，但总是如同一个有着某种自主性的"他者"，依照自己的特性、轨道和惯性发挥作用，产生影响，有时难以避免地会带来种种反主体性效应。[②] 这种价值关系异化隐含的逻辑是：处于人类生态系统生态位中的"用户"，成为对技术工具重度依赖的"客体"，尤其是随着对微信及其朋友圈的重度使用，朋友圈作为个人社交的内在价值正在被稀释，它反而成了多数用户记录个人生活的工具，被当成了私人生活空间。据腾讯 2017 年的调查，六成的用户用朋友圈来记录个人生活。[③]

生态伦理学者戴斯·贾丁斯（Des Jardins）认为工具价值是指有用的功能。一个事物拥有工具价值是因为它可被用来达到实现某价值的目的，当这样的物体不再有用时，或可用其他更有效更有用的物体取代时，它就失去了价值而可被忽略不计。一个物体有内在价值是指它本身有价值而非可供使用的特征。在这个意义上，我们要发现或认识价值而不是赋予价值，因为，并非所有的事物

---

① 赵瑞华：《媒介化生存与人的异化》，《新闻记者》2010 年第 2 期，第 29 页。

② 孙伟平：《论信息时代人的新异化》，《哲学研究》2010 年第 7 期，第 113 页。

③ 《微信用户 & 生态研究报告》，腾讯，2017 年 4 月。

都可用工具价值衡量。① 朋友圈的工具价值在于能够实现、满足人类的自我表达需要，为了满足这种工具价值，微信在不断的技术革新迭代中，完善、修复、更新其朋友圈功能，以保证它的有用性。但是，总有一天，微信将被其他更有效用的应用取代，一旦微信生态系统结束其生命周期，朋友圈亦会因缺乏依附平台而不复存在。但是，朋友圈本身固有的内在价值并不会消失，即它承担社交功能的内在价值仍然存在。价值关系的异化意味着用户运用朋友圈这一工具价值的"尺度"过大。因为，"尺度"标志着伦理规范，"保持适度"标志着履行正当尺度的能力。②

二、用户与用户的社交关系失范：关系想象化与真实性缺失

"伦理关系是人与人之间的一种客观关系。"③ 这种客观关系存在于社会生活中，并通过社会交往实现，表现为一种特殊的社会关系。因此，朋友圈用户与用户之间的伦理关系，其核心是一种特殊的社交关系，是基于赛博空间的"文化世界"所产生与发展的。哲学家卡尔·波普（Karl Popper）认为，我们生活在三种世界里。第一种世界是物质客体及其物理属性的世界；第二种世界是人类意识的世界，由思想、动机、欲望、情感、记忆、梦幻等构成；第三种世界是文化的世界，由人类的精神产物构成。荷兰学者穆尔（Jos de Mul）认为由全世界电脑网络所拓展的赛博空间可视为第三种世界的最新发展阶段。④ 按生态伦理的理解，第一种世界是人赖以生存的物质世界；第二种世界则是人借以生存的精神世界；第三种世界则是体现人类生活方式的文化世界，而赛博空间无疑加速了这种自主的新空间。

朋友圈用户通过关系网络，将现实生活中具有血缘关系的亲人亲属、地缘关系的同域朋友、业缘关系的工作同行连接，早已突破了 150 人的邓巴数上限，

---

① ［美］戴斯·贾丁斯著，林官明、杨爱民译：《环境伦理学》，北京：北京大学出版社，2002 年，第 149–150 页。

② 司徒博、邓安庆：《环境与发展：一种社会伦理学的考量》，北京：人民出版社，2008 年，第 66 页。

③ 龚群：《论社会伦理关系》，《中国人民大学学报》1999 年第 4 期，第 36 页。

④ ［荷］约斯·德·穆尔著，麦永雄译：《赛博空间的奥德赛：走向虚拟本体论与人类学》，桂林：广西师范大学出版社，2007 年，第 55–56 页。

45% 的微信用户好友在 200 人以上①，呈现一种交友混杂状态，这就意味着微信朋友圈侧重于用一种非强制性的道德手段调整人与人之间的社交关系：舆论褒贬（比如点赞与评论）、沟通疏导（比如通过朋友圈了解相关信息后私下联系询问情况）、教育感化（比如转发大量心灵鸡汤）是其常见的伦理关系调整手段；同时赋予朋友圈用户通过设置不看、让谁看、投诉的方式调整这种关系（比如对朋友圈微商广告的屏蔽）的权利。

但是，应该看到赛博空间这种社交关系的虚幻性以及由此可能带来的社交想象。对此，控制论之父诺伯特·维纳（Norbert Wiener）在 1950 年就有惊人的预见：无疑，我们将不得不在面对新机器时改变我们生活方式的许多细节。②

这句话是维纳对技术中介物可能带来的危害的道德警示。朋友圈确实改变了生活方式的许多细节：一份《"朋友圈里的旅游"报告 2017》显示，游客中"炫游族"占八成以上，"90 后"旅游时最爱在朋友圈晒情侣照和美食，"80 后"最喜欢晒娃、晒酒店，"70 后"最喜欢晒美景、建筑。③ 人类评价自己的方式变了，从而导致传统社交伦理赖以生存的现实空间被打破。朋友圈的社交关系改变了我们日常社交关系的许多细节，第一世界社交的物理空间正在被消解，并使得第二世界的精神交往成为可能，还加速了第三世界群内群际的虚拟社交文化。但是，这种社交行为的中介化，使得用户的社交关系越来越工具化，更多以一种独白式的语言行为进行，改变了中国传统人际交往的"伦理本位"秩序，混杂着现代社会的工具理性，用户之间的社交关系越来越依赖于人与物的关系或物与物的关系。

朋友圈社交有异于群聊、QQ 群等你一言我一语的双向互动社交群，亦不同于微博、陌陌等社交专属的广场式社交群，而是依附于微信，通过点赞、评论、浏览等延时行为观望朋友圈用户，获得的是一种间接的想象——想象朋友可能存在的现实生活状态以及与自我的亲密关系，从现实的"物理亲近"趋向于想象的"心理亲近"，科尔曾尼（Korzenny）称之为"电子亲近"，即通过电子媒介互相联系的传播者也会有一种亲近感。④ 用户社交的发生并非现实空间的直

①　《第 40 次〈中国互联网络发展状况统计报告〉》，CNNIC，2017 年 8 月 4 日。

②　[澳] 尤瑞恩·范登·霍文、[荷] 约翰·维克特编著，赵迎欢、宋吉鑫、张勤译：《信息技术与道德哲学》，北京：科学出版社，2014 年，第 9 页。

③　《"朋友圈里的旅游"报告 2017》，旅游圈，http://www.dotour.cn/article/29805.html。

④　[美] 耐普、戴利主编，胡春阳、黄红宇译：《人际传播研究手册》（第四版），上海：复旦大学出版社，2015 年，第 453 页。

接接触与感知，而是悬浮在电脑空间中，用户仅是在"屏幕游走的虚拟存在"。应该看到朋友圈这种社交关系的局限——它是以新技术工具物为中介的人际关系。虽然，朋友圈具有"逻辑的拓展性"，它使得用户的"虚拟空间"交往成为可能且有无限延伸的张力，但是，身体功能性参与的缺失，又使得人际交往的身体近距离因为朋友圈这一功能技术的介入，成为"不能拥抱的遥远"。用户远离了任何给定的面对面的互动情势，成为孤独症社会中的人，人际交往变得越来越"无声化"，越来越具有"间接性"和"非共同在场性"①。

因此，朋友圈用户之间的社交行为剥离了传统人际交往的"身体在场"，彼此成为在"屏幕生活"的人，社交行为的这种现实剥离感，带来的是虚拟社交关系及其负面影响。据凯度（2017）调查：89%的用户认为包括微信在内的社交媒体有消极影响，31%的"90后"、21%的"80后"、18%的"70后"均认为"虚拟社交让我空虚，变得浮躁"②。这从一个侧面印证了朋友圈虚拟社交关系的负面性。腾讯《2016微信社会经济影响力研究报告》也指出：网络社交要适度，所有朋友圈用户中，3.8%的用户（约为2 027万人）认为虚拟社交较为浮躁，降低了人际交往质量；5.5%的用户（约为2 934万人）认为碎片化的使用导致注意力不集中；9.3%的用户（约为4 961万人）认为原有生活节奏被打乱。③ 以此推算，以朋友圈为代表的虚拟社交造成的负面效应至少影响了2 000万用户。

另外，微信是附着在手机等终端设备上的标配，从而成为跟随用户的"贴身利器"，用户利用朋友圈的社交关系，分享大量不良信息，主观上剥离了"在世"社交关系的真实性。《年轻人》杂志对读者（样本量为2 050人）朋友圈使用情况的调查表明：朋友圈越来越缺乏朋友的感觉，变成了"最熟悉的陌生人"，80%以上用户已经被朋友圈困扰，朋友圈变成了新闻圈、养生圈、代购圈、自拍圈。《新周刊》以专题文章《滚蛋吧，朋友圈》深刻揭露了朋友圈多种假借社交关系滋生的杂圈文化，④ 如此，用户逃离朋友圈社交实属无奈之举。

---

① ［美］耐普、戴利主编，胡春阳、黄红宇译：《人际传播研究手册》（第四版），上海：复旦大学出版社，2015年，第453页。
② 《凯度2017报告：90后对社交媒体的负面影响感受更强烈》，新浪网，http://finance. sina. com. cn/roll/2017 - 06 - 15/doc - ifyhfhrt4230051. shtml。
③ 《2016微信社会经济影响力研究报告》，腾讯，2017年4月。
④ 《80%的人被朋友圈困扰》，新蓝网，http://n.cztv. com/news/11971911. html。

三、社群、平台及广告主的利益关系失范：关系失衡性与遗忘权缺位

朋友圈通过用户之间的连接形成了社群。在朋友圈社群的内部，既有公共利益追求的"公共善"，亦有个人利益企求的"个人善"。而在朋友圈社群的外部，则是代表商业利益的微信平台和随之而来的广告主，两者追求利益的天生本质使其必然带有逐利的动机，它们适时找寻渗入群体内部的机遇，以实现对商业利益的追求。由此，朋友圈在社群内部交织公共利益与个人利益，在社群外部适时渗透商业利益，进而从整体上形成了社群、平台、广告主三方交织的利益关系。

按人类中心主义的生态立场，每个人都有追求利益的权利，但往往忽视了与其对应的义务。朋友圈"有话就说，有事就秀，过度分享"的行为，看似是与圈内好友共同分享的行为，其实质是个人私利的延伸。当每个用户都将朋友圈当成利益的私人分享平台，即意味着个人利益的大量复制与繁殖，展现自我利益的权利日益膨胀，并按朋友圈设置的点赞、评论、转发、分享等功能作为量化自利的指标，朋友圈社群内部就很可能成为个人私利的聚集地。私人利益被叠加在公共利益之上，弱化了社群内的公共利益。另外，朋友圈是一个以用户为连接的开放系统，用户的交往行为会带来群际交往。当一种带有公共性质的信息进入社群内部，每个用户追求公利的道德义务迫使其产生急于分享的行为，于是便将群体外大量信息传至群内，然而当隐含个人私利的信息假借公共利益的名义引发了群内传播，就会造成利益关系失衡。同时，开放性为商业利益流入群内提供了合法、合理、合情的制度性规约，基于用户行为的数据分析，适时渗透进朋友圈社群内，造成社群内外利益关系失衡。

首先，用户私人利益对社群公共利益的渗透引发利益关系失衡。公共利益代表的是社群所属成员的共同利益，在这里，资源共享，利益共有，通过伦理调节、规范、引导成员的利益追求与价值规范。因此，朋友圈对那些社群普遍认同的"公共善"，表现出一致的公共情感，这就为个人私利裹挟公共情感提供了传播的可能。

2016年11月25日，媒体人罗尔的文章《罗一笑，你给我站住》流出，并被分享至朋友圈且很快"刷爆"，其后深圳小铜人旗下公众号"P2P观察"推

文，以转发买文救患病爱女的公益名义，获得了朋友圈各个社群普遍的"公共善"，引发朋友圈疯狂转发，公众号获得大量的打赏捐款。随后遭网友揭发，事情真相逐渐清晰，罗尔、小铜人公司等当事方陷入无法自辩的道德深渊，最终以上两公众号获得的打赏善款被原路径退还给网友。① 在这里，罗尔导演的这场"带血"营销从一开始就以"伪善"欺骗了朋友圈的"公共善"，引发朋友圈用户的道义转发，最终将罗尔的"个人伪善"以及小铜人公司背后的"带血营销"昭示于"公共"之下，来自朋友圈社群内外的自我约束与相互约束，以一种关乎一致"公共利益"的习惯与道德调节，使当事者遭受道义的强烈谴责。罗尔事件"刷爆"了朋友圈，深刻暴露出朋友圈社群内部"私人利益"引起"公共利益"失衡的问题。

其次，平台、广告主的商业利益对社群的公共利益渗透造成利益关系失衡。虽然朋友圈是用户聚集的社群，但这一"领地"属性的界限并非完全独立。生态伦理学者认为"地盘"是"占领者通过直接捍卫或间接宣告主权的方式独占的区域"。因此，捍卫"地盘"的行为是攻击行为的变种之一。② "地盘"的这种隐喻在技术至上的人化世界被逐渐消解或产生变异。毕竟，提供这一社群的是以追逐商业利益为归旨的企业，而非用户拥有主权的独占区域，用户前台海量数据留在后台企业的服务器内，实际上为微信平台贡献了用户数据商用的稀有资源。微信必然会以此为商业资源，适时寻求缓慢渗透用户"领地"这一"非交易领域"的可能性，因为，朋友圈并非用户独享、独有、独占的"地盘"。

从操作层面而言，微信必然要以后台记录的大量用户行为数据为基础，通过大数据技术获得每个用户的画像，并在朋友圈内适度穿插个性化的商业信息流。目前，这种信息流广告的主要表现类型即为原生广告。美国互动广告局（2013）认为原生广告作为一种"愿望"，意味着广告主与广告商希望广告投放能够做到"三个一致"：与页面内容一致、与网页设计一致、与受众在平台上的行为一致。③ 这"三个一致"深刻地反映出原生广告与用户之间这种敏感的

---

① 《罗一笑去世 其父母希望捐献她的遗体和器官》，搜狐网，http://news.sohu.com/20161224/n476799799.shtml，2016 年 12 月 24 日。

② ［美］爱德华·O.威尔逊著，胡婧译：《论人的本性》，北京：新华出版社，2015 年，第 106 页。

③ 康瑾：《原生广告的概念、属性与问题》，《现代传播》2015 年第 3 期，第 112 页。

商业利益关系。

　　事实上，作为朋友圈广告的唯一官方投放平台——腾讯社交广告官网已明示了用户与广告的这种商业关系：朋友圈广告是基于微信公众号生态体系，以类似朋友的原创内容形式在朋友圈中展示的原生广告。它提供排期购买、竞价购买两种购买方式，图文广告、视频广告两种契合朋友圈浏览体验的广告形态和品牌活动推广、公众号推广、移动应用推广三种推广方式。①

　　原生广告的动因仍然是基于用户行为分析的大数据技术，是一种对用户信息隐私权的剥夺，而永久删除个人信息的权利即"被遗忘权"被朋友圈用户忽视了，甚至用户还在加速推进个人信息的上传与共享而浑然不知。用户的这种"利己"行为，在客观上反而使"利他"的商业行为——原生广告获得了许可。欧盟将"被遗忘权"定义为："数据主体有权要求数据控制者永久删除有关数据主体的个人数据，有权被互联网所遗忘，除非数据的保留有合法的理由。"②用户对"被遗忘权"的"遗忘"，不仅为原生广告提供进入的环境许可，平台还力图寻求一种与用户行为相关的新平衡，为其设置了点赞、评论等与朋友圈用户信息使用行为高度一致的功能。

　　虽然，朋友圈广告是一种以用户为数据支撑的营销介入，在谨慎的营销渗透过程中，寻求一种"少量渗入"的许可机制，进而进入"用户"社群的"地盘"，获得了大多数用户的认可，亦按新法规标明为"广告"，蜕去了"原生广告"起初的隐性外壳，但是，其运行机制仍然是以用户的行为数据为基础的"二次售卖"模式，社群用户数据的二次售卖是平台、广告主利益关系的基础。

四、结语

　　涂尔干认为，"失范是所有道德的对立面"③。在个体层面上，当用户对朋友圈的价值关系重度依赖，有可能造成主客体的置换，引发价值关系异化，用户的主体性迷失；其次，则是由于身体缺场，产生以朋友圈为中介的社交关系

---

　　①　《什么是微信朋友圈广告》，腾讯社交广告，http://e.qq.com/ads/resources/wx - moments。

　　②　吴飞、傅正科：《大数据与"被遗忘权"》，《浙江大学学报》（人文社科版）2015 年第 2 期，第 72 页。

　　③　朱力：《失范范畴的理论演化》，《南京大学学报》2007 年第 4 期，第 132 页。

想象化，用户的真实性缺失。在整体层面上，用户的个人利益与广告主的商业利益渗透至朋友圈社群，引发公共利益的失衡，用户的遗忘权缺位。针对以上伦理关系的三种失范现象，我们基于生态伦理的思维提出三种治理朋友圈用户伦理关系的基本原则。

首先，确立朋友圈用户价值关系的工具与内在价值适度原则。应该指出：作为工具，朋友圈的功能与属性无法完全满足用户的需要，就算它不断通过技术的革新而不断地更新，大多数用户使用的仍然是其主要的功能与属性——上传图文、点赞、评论等。用户不应指望朋友圈的功能更新以满足其更多的需求，朋友圈仅是微信附着的一个功能设置。微信朋友圈的主要价值在于社交——一种以个人生活记录引发为主，以个人为节点拓展而来的社交价值，这是朋友圈固有的内在价值。我们既不能过于放大工具价值，也不能过分依赖其内在价值，而是保持两者的适度。这种"适度"即是指对朋友圈工具价值和社交价值的适时运用。运用朋友圈工具价值的目的是为了社会交往，发展社会关系，解决人际交往的距离问题；而朋友圈内在、固有的社交价值的目的则是让朋友圈成为人类新型的社交生活方式，获得不同于传统的社交体验。

其次，把握朋友圈用户社交关系的在线与在世协同原则。相对于"身体在场"与"面对面"的在世社交受到的人伦秩序、规则、标准等有序性规约而言，朋友圈社交关系因为社交行为的延迟性及间接性，表现为在线社交的无序性。在线的社交无序通过网络的连接，能够轻易实现线上线下的融通，作用于在世的有序社交，从而加剧有序的在世社交向无序性转化的风险，而重构这种想象化的社交关系正是生态伦理视野下强调的"协同"原则。

协同是系统转化的机制，其实质是将系统的无序转化为系统的有序。一个系统内部由诸多子系统组成。子系统的复杂运动可分为两种：一种是子系统独立的无规则运动（失序）；另一种是有序的相互关联引起的运动（有序）。当独立失序运动为主导态势时，系统处于无序状态；当相互关联引起的运动为主导态势时，系统则处于有序状态，即子系统发生了协同作用。[①] 因此，实现在线与在世社交的协同，即是将朋友圈在线社交的无序转化为在世社交的有序，实现社交的无序到有序的动态转化即能化解朋友圈社交关系的想象化，实现在世

---

① 陈敏豪：《人类生态学：一种面向未来世界的文化》，上海：上海交通大学出版社，1988 年，第 32 页。

社交的人伦秩序，以连接人与人之间相互作用的现实关系。

　　朋友圈虽然改变了人与人之间的联结本质，让我们自认为是不同于传统的现代人，拥有了更多的社交能力、更高的教育程度以及操纵技术工具的愉悦感，成为"网络原住民"，但是，我们不应远离有序的传统社群与传统仪式，而应回归人类的"亲生命性"，这是在漫长时间里发展出来的一种深植于基因，渴望与其他物种相伴共生的内在情感。大卫·铃木（David Suzuki）认为：亲生命性这个概念提供了一个全新的架构，让我们得以检验人类的行为，思索演化的机制。它是一个全新的"叙述"和"故事"，将我们重新纳入活生生的世界，回归远离已久的家。① "亲生命性"的意蕴在于：当朋友圈日益成为我们远离自然的在线虚拟社交工具，用户的社交行为越来越疏离物质与精神世界的传统伦理秩序时，回归在世社交就成为我们理应面对的伦理关怀。回归在世社交不再是脱离人伦道德的社交关系的虚拟想象，而是重回人伦秩序的社交关系的真实连接，从而实现在世社交与在线社交的协同。

　　最后，坚守朋友圈用户利益关系的三方共赢互利原则。微信是一个生态系统，而"生态系统是一种具有反馈机制的控制系统，它的平衡是通过自我调节或人为调节实现的，而调节同控制、反馈是不可分的"②。生态平衡只是生态系统在一定时间内结构和功能的相对稳定状态，一旦朋友圈用户的私人利益、广告主的商业利益侵害了社群的公共利益，微信平台必然要运用强大的人为调节机制，作出积极的反馈、回应，以保持各方利益的相对稳定与平衡。微信在2015年3月15日发布的《微信朋友圈使用规范》，涉及内容规范、行为规范、数据使用规范、支付规范、商标与商业外观、阶梯式处罚机制与举报申诉机制等六类规范，其目的是"创建并维护运营者、用户、平台等各方共赢互利的生态体系"③。显然，微信在谨慎推广原生广告以及各类用户进行商业推广获得商业利益时，亦注意到了个体的个人利益以及社群的公共利益，力图建构一种涉及微信生态体系三方主体的"三维伦理"——利己、利他、利环境的三维伦理规范，实现社群、平台、广告主三方的公利、私利、商利的动态平衡。根据英

---

　　①　［加］大卫·铃木、阿曼达·麦康纳著，何颖怡译：《神圣的平衡》，汕头：汕头大学出版社，2003年，第163页。

　　②　［加］大卫·铃木、阿曼达·麦康纳著，何颖怡译：《神圣的平衡》，汕头：汕头大学出版社，2003年，第175页。

　　③　《微信朋友圈使用规范》，腾讯科技，http://tech.qq.com/a/20150315/012453.htm，2015年3月15日。

国学者布赖恩・巴克斯特（Brain Baxter）提出的生态主义道德关怀的三大主题——对物的道德关怀、对人类"极限性"行为的道德约束、相互联系性,[①]我们对待朋友圈的利益关系应坚持的道德关怀至少包括：在追求利益的过程中对朋友圈应怀有基本的道德关怀，不滥用朋友圈发布各类虚假的或带有欺骗、伤害目的的信息；对自我私利行为进行道德约束，"己所不欲，勿施于人"，力求私利、商利、公利的三方平衡；各方利益主体都具有物质、精神、文化的关联，我们需要共同营造社群、平台、广告主三方共赢互利的生态体系。

（本节作者：杨先顺、李德团。原文发表于《学习与实践》2018 年第 3 期）

第三节　互联网语境下噱头式广告的伦理探析

　　当下的商品市场正处于一个眼球经济时代，商品市场的竞争态势也日趋激烈。多元化、快节奏的现代化生活大大地分散了消费者的注意力，随着广告投放的逐渐增多，如何能在纷繁的广告中快速地吸引消费者的眼球成为商家推销商品时首要考虑的因素。越来越多的商家意识到：在市场上，仅仅依靠传统商业广告形式已经很难在短时间里打响知名度了。就是在这样的大背景之下，一种颇具创意的广告营销手段——噱头式广告应运而生。

　　国内有学者将噱头式营销定义为：运用出奇制胜的思想，通过对消费者心理机制作深入分析，挖掘出最容易引起他们好奇的事物，并将其与所售商品联系起来营造出概念或话题，从而在短期内迅速抓住大量眼球，进而达到提高商品知名度和促进销售的目的。[②] 而噱头式广告则是通过营造出一种出其不意的情景，运用出奇制胜的话题或概念来吸引消费者的注意力，其中商品的特色卖点并不是推销的关键，最关键的是这个噱头本身足够新奇，能够迅速引起消费

---

① ［英］布赖恩・巴克斯特著，曾建平译：《生态主义导论》，重庆：重庆出版社，2007年，第 6–7 页。

② 李闪：《对噱头式营销手段的思考》，《剑南文学（经典教苑）》2013 年第 9 期，第221 页。

者的关注，继而凭借对商家营造出来的这个噱头概念和话题的好奇，促进对关联商品的了解并产生消费的欲望和冲动。与传统广告相比较，这种类似于软广告的噱头式广告避开了中规中矩的传统广告形式，巧妙地运用迂回的方式来传播商品，往往能获得更多的消费者关注。

一、不同类型噱头式广告的伦理问题及其原因

在互联网时代，噱头式广告在商品市场的众多领域都得到了广泛的运用。它在吸引消费者注意力方面明显具有优势，而且能在短时间里通过制造具有诱惑性或煽动力的话题，快速勾起消费者的好奇心和兴趣点，再针对噱头在大众媒介上引发公众讨论，继而使宣传对象和其相关商品在社会上引起更大范围的关注。近年来就有很多商家采用了这种噱头式广告，用花样百出的博眼球方法吸引了众多消费者的关注，在广告界掀起了一股追捧噱头式广告的热潮。

尽管噱头式广告形式多样，但如果从制造的话题来看，可以归纳为如下几种形成方式：①紧跟热点的炒作；②敏感话题的包装；③草根文化的嫁接；④社会问题的引爆。上述几种情形有可能同时出现在某一噱头式广告中。这四种形式的噱头式广告在推动商品备受消费者追捧的同时，对道德观念的弱化与消解也起到了推波助澜的作用。习近平总书记在谈到互联网时作了一个生动比喻："互联网是一把双刃剑，用得好，它是阿里巴巴的宝库，里面有取之不尽的宝物；用不好，它是潘多拉的魔盒，给人类自己带来无尽的伤害。"① 在互联网时代，网络自身本就具备双面性的特点，再加上网民多以双重标准来对待网络虚拟空间和现实社会生活中的道德规范，使得在有利于信息传播的同时，社会伦理问题也越发严重。

（一）热点炒作越界，陷入伦理利己主义泥潭

利用特殊的时间紧跟热点的炒作往往能使广告达到事半功倍的效果。2015年8月，阿里巴巴与苏宁正式宣布战略互投，苏宁易购在天猫网开设旗舰店。在"双十一"购物狂欢节前夕，苏宁发布平面广告，称呼"某东"，调侃"头

---

① 《专家谈：济网信大事，以人为本》，中国网，http://opinion.china.com.cn/opinion_38_148538.html。

条何须老板娘"，林林总总，矛头直指天猫和苏宁的共同敌人——京东商城。而在公司内部，苏宁则不再遮遮掩掩，直接号召"蹚平京东"。苏宁易购这次的"平京战役"也是看准了女性向来是"双十一"的主力军，为了抢夺女性市场，苏宁也费尽心思地造势宣传。恰好当时网上传出京东老板刘强东妻子章泽天怀孕的消息，被人指是为了"双十一"母婴产品制造话题，苏宁也是看准这一点，打出"老板若是真的强，头条何须老板娘"等口号，可谓借别人的东风让自己火了一把。不过，虽然口号是让苏宁赚足了眼球，但由于较浓的人身攻击意味，也被网友吐槽太无节操。

美国学者迈克尔·J. 奎因在《互联网伦理——信息时代的道德重构》一书中提到伦理利己主义是仅仅关注自身利益的哲学，在某一特定的情况下，一个人的道德行为取决于是否能够给自己提供长期最大化的利益。伦理利己主义并不是禁止帮助别人，而是仅仅发生在施助者本身得到利益的情况下。① 在 2015 年"双十一"购物狂欢节前夕，天猫和苏宁对竞争对手京东进行的"平京战役"里带有人身攻击意味的宣传，正是热点炒作中相关企业缺乏道德自律的表现，也是在伦理利己主义驱使下以自我利益为中心而产生的不道德行为。

（二）敏感话题谬用，误导猎奇心理

噱头在形式和内容设置上常涉及一些敏感猎奇话题，正好迎合了人们潜意识中渴望突破禁忌、猎奇与窥视的欲望心理，加强了消费者的心理涉入度，宣传效果的强度也就能大大提升。

2017 年奥迪二手车在万达院线投放广告"整容篇"：广告中婆婆在婚礼现场检查新娘鼻子、耳朵，甚至拉开嘴巴检查"牙口"，检查完毕比出"OK"的手势。广告中将女性比作二手车，一系列检查的动作更是涉嫌将女性比作"牲口"。广告一经播放在网上获得了巨大的曝光度。在很多广告人眼里，承载巨大风险的曝光度就是制胜法宝。因为"眼球优势"得益于依附对象、靠近风险目标而刺激关注，往往真能险胜一招。奥迪二手车借助"检查整容"这个敏感词打了一个擦边球，吸引了众多消费者猎奇的眼球，也同时将自己的企业形象推到了道德争议的风口浪尖上。

---

① ［美］迈克尔·J. 奎因著，王益民译：《互联网伦理——信息时代的道德重构》，北京：电子工业出版社，2016 年，第 25 - 28 页。

我们从伦理规范角度来探讨其道德失范的原因，在互联网语境下，人们对传统的规范是否适合互联网产生了疑惑，而传统伦理规范约束力也逐渐减弱，一些企业无视道德责任，在借用敏感话题时更加随意任性。

（三）草根文化嫁接，过度消费非主流文化

很多广告为了更加亲近广大消费者，经常选择走亲民的草根路线。2015年，乐视推出一条自我宣称是"一个忍不住想看很多次的烂广告"，毫无疑问在广告业制造了大量噱头。这个两分多钟的广告分为四个部分，融入了"鬼畜"、"暴走"、无厘头、群嘲等当下流行的视觉元素。这些画面看似很低端，可是又很贴近现实生活，熟悉的画面、喜感十足的乡音对消费者而言毫无压迫感，可以说是毫无内涵却又紧紧贴合了草根文化。然而消费者们在被这种草根文化逗乐的同时，也开始对这种越来越细化多变的非主流文化有所质疑。

文化，从广义而言，包罗着人类精神文明和物质文明的所有活动及其成果；从狭义而言，指的是由文字、线条、符号、图像等记载的人类精神文明的活动及其成果。[①] 主流文化是起主导性作用的文化，非主流文化是对主流文化的一种补充和辅助。相对于主流文化，非主流文化迎合了一些受众反权威、反精英的草根文化心理。但是非主流文化也给消费者造成了思想困惑，在新奇感满足后又变得无所适从。因此，企业对草根文化的过度消费应受到道德的审视和质疑。

（四）社会问题引爆，打着公益广告旗号提升关注度

打着公益广告的旗号，用公众关注的社会问题来为自己的产品做宣传，也是众多广告商喜闻乐见的方式，既赚足了公众的关注度，又能提升自己的企业品牌形象，常被誉为一石二鸟之计。2015年，百度手机助手在网上推出了8张"全民道歉行动"平面广告，本意是假借公益广告来宣传自己的产品，可是仅一天就被撤下了。这套从公益角度出发的商业广告，虽然后续有其他城市的参与，但是这种以社会话题替品牌发声的行为，更多引起的却是公众广泛的道德争论。

公益广告是传播为社会公众服务的公益观念的广告传播活动。这种广告传播活动能够引导公众态度，规范其社会行为。公益广告作为社会传媒文化中的

---

① 巢宗琪、雷实、陆志平编：《语文课程标准解读》，武汉：湖北教育出版社，2002年。

一个重要形态，其最终目的是通过其伦理基因构建与现代社会发展相适应的新的伦理道德规范，为社会主义精神文明建设服务。① 而百度手机助手在网上推出的 8 张"全民道歉行动"平面广告，对社会问题的认识流于表面，"全民道歉"只能激化社会矛盾，这不仅与公益广告构建和现代社会发展相适应的新的伦理道德规范的目的背道而驰，也让企业的整体形象受到了公众的质疑。

二、噱头式营销广告伦理问题的对策

在互联网时代，广告行业既是一个充满灵感和创意的行业，也是一个充满矛盾和利益的世界。国外网络伦理研究者把与网络有关的道德问题归纳为"7P"，即 privacy（隐私）、piracy（盗版）、pornography（色情）、pricing（价格）、policing（政策制定）、psychology（心理的）和 protection of the network（网络保护）②。国内的一些专家认为，网络道德领域的问题，主要集中在虚拟空间与现实社会、网络道德与传统道德、信息内容的地域性与传播手段的超地域性、通信自由与社会责任、个人隐私与社会监督、信息共享与信息独有、网络开放性与网络安全以及网络资源的正当使用与不正当使用等方面的矛盾③。在互联网兴起的早期，广告人欣喜于互联网的开放性和延伸性让他们的灵感得以更好地激发，随着互联网技术的越趋成熟，广告效果也获得了巨大的提升。但是经过一段时期的狂欢之后，繁华的背后孕育着的令人担忧的现实已经慢慢显现，广告人更需要静下心来思考。而且在噱头式广告风靡的现在，其产生的伦理问题也日益严峻，更需要加强规范和监管，净化网络广告环境，还消费者一个健康的网络世界。

（一）摒弃伦理利己主义，发扬和谐的美德伦理

亚里士多德在公元前 4 世纪写作的《尼格马可伦理学》里提到，美德是人类通往真正的幸福、达到真正的繁荣的道路。亚里士多德认为美德分两种：智性美德和道德美德。智性美德是与推理和真理相关的美德，而道德美德经常被当今的作家称为性格的美德，它是通过重复相关良好行为而形成的习惯和性情。

---

① 黄琴：《论公益广告的伦理价值》，《前沿》2006 年第 11 期，第 136 页。
② 陈红：《网络世界的道德问题》，《新闻爱好者》2007 年第 3 期，第 29 页。
③ 严耕、陆俊、孙伟平：《网络伦理》，北京：北京出版社，1998 年，第 56 - 76 页。

美德伦理学特别关注施事者（执行人）、行为（如康德主义和社会契约论）和行动的后果（如功利主义）。一个好人"在正确的时间，由于正确的原因，做正确的事情"①。

　　在伦理利己主义逐渐回潮的今天，更应该倡导和发扬和谐的美德伦理，在考虑自身利益的同时，也带着道德美德去更多关注他人的利益。如果为了实现自身利益，昧着良心去践踏他人利益，必然会遭到社会舆论的谴责，使企业的品牌形象备受损失。

　　面对当下利己主义泛滥的现状，广告商更需要树立正确的义利观来抵制利己主义的膨胀，用社会主义义利观的价值模式来重建广告道德语言价值体系。诚然，作为营利性社会组织机构的广告媒体，将产品转换为经济利益是无可厚非的，但仅仅把"利益"的指标作为市场运转的唯一标准也是不可取的。在面对"利益"和"道义"时，广告媒体要能做到兼顾道义，坚持"以义为先""见利思义"的立场，坚守道德的底线，杜绝绝对化的利益观，为社会和经济的和谐贡献一份力量。

（二）遏制对低俗心理的迎合，倡导健康的伦理规范

　　广告所要面向的主体是人，而人本身就带有伦理性，所以噱头式广告同样也要以人的伦理为出发点，在广告传播过程中应给社会和公众提供一个健康的氛围，并且确立伦理的尺度，营造出良好的舆论环境，为社会的协调发展提供良好的资源。

　　诚然，奥迪二手车借助"检查整容"这个敏感词收获了众多消费者的关注，但在吸粉无数的同时也使自己的企业形象受到了大众的道德质疑。这样此消彼长的营销做法，虽然获得了眼前的一时利益，却使企业形象受损，是得不偿失的。从长远的发展角度来看，只有遏制对低俗心理的迎合，倡导健康的伦理规范才能使企业有更久远的发展。

　　在构建健康的伦理规范的同时，还要树立正确的"三观"。要始终坚持正确的价值导向，对自己人生观、世界观、价值观的学习与改造不能放松，尤其是广告媒体工作者更加要重视对自己"三观"的建设。面对纷繁复杂、琳琅满

---

　　① ［美］迈克尔·J. 奎因著，王益民译：《互联网伦理——信息时代的道德重构》，北京：电子工业出版社，2016 年，第 60 - 63 页。

目的广告现象，消费者应该明辨是非，拥有正确的判断力和辨别力，不能人云亦云、亦步亦趋，要自觉抵制不良广告和非法广告的诱惑。

（三）坚持正确导向，弘扬主流文化和正能量

2016 年 2 月，习近平总书记在党的新闻舆论工作座谈会上发表重要讲话，提出了"高举旗帜、引领导向，围绕中心、服务大局，团结人民、鼓舞士气，成风化人、凝心聚力，澄清谬误、明辨是非，联接中外、沟通世界"① 这 48 个字的党的新闻舆论工作职责和使命。同时强调，"广告宣传也要讲导向"。这是治理广告伦理问题的指导方针。

在互联网语境下，噱头式广告多青睐使用非主流文化，这就需要坚持正确导向，用消费者便于和乐于接受的方式提供优质内容，唱响主旋律，传播正能量。广告要坚持正确导向，践行社会主义核心价值观，建立和谐社会的价值体系。广告的内容应该代表时代发展的方向，担负起引导正确消费和提高消费者文化素质的职责。在消费理念的传播上，广告更应该将科学、合理的消费理念传递给消费者，而不能简单地将利益作为唯一标准，去迎合部分消费者的低级趣味。广告媒体也要身体力行地去践行社会主义核心价值观，使广告在传递商品信息的同时也传递正确的价值观，从而为建立和谐社会的价值体系添砖加瓦。

（四）合理运用公益广告，踏实建构企业的道德形象

公益广告的产生是从伦理学角度对经济和社会发展的一种补充、完善和推动。在互联网语境下，呼唤道德与人心回归的社会内在要求已经越发重要，公益广告更应把视野投向公众所共同关注的话题，唤醒社会良知，倡导社会公德，营造一个经济发展和道德规范和谐共赢的社会环境，最终确立一种新的伦理道德规范。

2015 年，百度手机助手在网上打着公益广告的旗子来宣传自己的产品，明显和公益广告构建与现代社会发展相适应的新的伦理道德规范的目的背道而驰。企业在用噱头式营销广告来推广自身产品的同时，需要合理地运用公益广告，踏实建构企业的道德形象，这样才能使企业长久保持一个健康的形象，不遭受

---

① 新华社：《习近平：坚持正确方向创新方法手段　提高新闻舆论传播力引导力》，新华网，http://www.xinhuanet.com//politics/2016 - 02/19/c_1118102868.htm，2016 年 2 月 19 日。

公众的质疑。

在踏实建构企业的道德形象方面，行业规范与道德自律是企业自我约束与管理的有效手段。企业给自己的定位不应该仅仅是单纯的塑造品牌，还应该时刻自觉绷紧企业自律这根弦，承担起把关人的角色。在增强企业自律的同时，还要结合当下的社会主义核心价值观对企业员工进行道德教育，大力弘扬先进文化。

三、结语

从实质来看，噱头式广告多数都是短期行为，仅仅是一种战略手段，如果将其当成一种战略去执行的话是不可取的。噱头式广告赚足眼球后，实际能带动多少销售量还是得看商品本身是否具有良好的品质，是否能给消费者带来切实的利益。企业有招数，消费者自然也不愚蠢，即使这种噱头式广告能在一段时间里提高销售的数量，但从长远发展来看，企业仍需要遵循合理的伦理秩序谨慎而行。

（本节作者：杨先顺、郭芳怡。原文发表于《青年记者》2017 年第 29 期，有改动）

第六章

网络传播的伦理审思

······

第一节　网络传播的道德哲学审思

近年来，伴随着网络媒体的兴起与发展，学者们对网络道德（伦理）的探讨愈来愈多。学者们对网络道德的特性、形态，目前我国网络道德存在的问题，建构网络道德的重要性和紧迫性，以及网络道德的基本原则与具体要求，进行了广泛而深入的讨论，但是对于虚拟实在应奉行的伦理世界观、网络传播的伦理冲突及其协调等基本问题，尚缺乏高屋建瓴的哲学反思。本节试图在前人研究成果的基础上，从道德哲学的层面，对网络伦理的基本问题进行宏观的、整体的探讨。

一、虚拟实在的本体论地位与伦理世界观

虚拟实在（virtual reality）又称虚拟现实，指由电脑网络所形成的一个独特的有别于现实世界的数字世界。虚拟实在的出现对传统的哲学和伦理学提出了新的挑战，哲学家们必须反思虚拟实在的本质是什么，是物质还是意识，即虚拟实在的本体论问题。而伦理学家必须澄清虚拟实在中的道德何以可能，善何以必要，同时还要探寻虚拟实在中的伦理世界观。

关于虚拟实在的本体论问题，目前学术界尚有争议，归纳起来有如下四种观点。一是物质归属说，以为虚拟实在是客观实在（物质）的一部分，如蔡曙山先生曾指出："Virtual reality 无论从辞源意义上说，还是从实际意义上说，都是一种实实在在的现实……"[①] 二是意识归属说，即认为虚拟实在的本质是意识，如任红杰先生就明确指出："虚拟现实是意识的延伸，是以数字化方式构成的新型意识现象。"[②] 三是世界 3 归属说，即认为虚拟实在属于证伪主义科学哲学家波普尔所提出的世界 3，即客观知识世界。[③] 此外还有世界 4 归属说，即认

---

① 蔡曙山：《论数字化》，《中国社会科学》2001 年第 4 期，第 39 页。
② 任红杰：《关于虚拟现实的认识误区》，《自然辩证法研究》2005 年第 5 期，第 61 页。
③ 彭列汉：《虚拟现实：认识的第三种形式》，《学术论坛》2003 年第 2 期。

为虚拟实在既不属于物质，也不属于意识，又不属于世界3。①

　　我们认为第三种看法更贴近"虚拟实在"的本质，因为"虚拟实在"有两个重要的特性，一是主体性，如果没有人的主体的介入和创造，虚拟实在是不可能的；二是客体性，即虚拟实在一旦形成，就成为一种独立于我们意识之外并为我们的意识所反映的外在实体，肖峰先生曾用图（见图6-1）刻画了虚拟实在、客观实在和意识之间的关系②：

客观实在 $\xrightarrow{\text{能动反映}}$ 意识 $\xrightarrow{\text{数字化及其他技术手段}}$ 虚拟实在

图6-1　虚拟实在、客观实在与意识的关系

　　可见，虚拟实在是客观实在与意识高度融合的一种新的实在。过去人们在探讨哲学基本问题时，过于强调物质和意识的分隔与对立，而忽视了物质和意识的融合与互动，因而对物质和意识水乳交融的状态颇感棘手。其实，哲学上的物质（客观实在）可以分为两种状态，一是未经主体意识所作用的纯客观实在，即自然实在；二是受主体意识所作用的社会实在（如社会关系等）。而虚拟实在恰恰类似于第二种状态，但又具有更强烈的主体创造性。所以既不好归入客观实在，又不好归入主观意识，因而归入世界3较为贴切。

　　接下来的问题便是在这种特殊而又新奇的虚拟实在中，道德何以可能？善何以必要？对此，我们从两方面来论证：

　　第一，从虚拟实在与人的关系来看，虚拟实在已具备道德建构的先决条件。杨国荣先生曾指出："作为人存在的方式及生活实践过程中的本体论规定，道德同时也为存在所以可能及回归具体、真实的存在提供了担保，正是在这里，道德获得了自身存在的根据。"③ 可见，道德与人的存在及其实践活动密不可分，毋宁说后者是前者的基本条件。道德是用非强制手段来协调人与人之间、人与社会以及人与自然的和谐关系。在虚拟实在中，人们通过信息的传播，通过彼此的交往而形成一个虚拟的社区，这种虚拟社区类似于人类社会。社区成员与社区成员的关系、社区成员与社区以及社区与社区的关系，需要一套无形的游戏规则，否则虚拟社区就会因为混乱和无序而毁灭。所以在虚拟现实中不但需

---

　　① 张之沧：《从世界1到世界4》，《自然辩证法研究》2001年第12期，第66-70页。

　　② 肖峰：《虚拟实在的本体论问题》，《中国社会科学》2003年第2期，第118页。

　　③ 杨国荣：《伦理与存在——道德哲学研究》，上海：上海人民出版社，2002年，第33页。

要强制性的法律法规，而且需要非强制性的道德伦理，做到"他律"和"自律"的有机结合。

第二，从虚拟实在的物质载体——电脑与网络来看，虚拟实在是客观实在借助人的主体在电脑与网络中的映射和延伸。所以，一方面作为主体介入的人必然依据（或暂时依据）自身的标准和伦理来参与虚拟实在的建构；另一方面，虚拟实在作为对客观实在的映射和延伸，就不能隔断与现实社会中业已形成的道德观念和伦理秩序的联系。

那么，在虚拟实在中我们应奉行什么样的伦理世界观呢？现实社会中的伦理世界观能否直接移植到网络社会中呢？樊浩先生认为，伦理世界观涉及三个方面的关系，"一是伦理与自然之间的关系，核心是伦理实体与作为实体的自然本性的经济冲动之间的关系，这是伦理世界的基本关系；二是作为价值结构的义与利、理与欲（个体的以及作为个体共同形式的实体的）之间的关系；三是伦理实体内部的人与人之间的关系"[1]。这三个方面，就是伦理世界观的存在论层面、价值论层面和人伦关系层面。而如何协调这三个方面的关系，这便出现了传统的本体伦理世界观和现代的生态伦理世界观的分野。本体伦理世界观发轫于哲学上的本体思维，它意在追寻伦理现象的最初的本源，而生态伦理世界观则主动放弃这种以一驭万的努力，"强调各种伦理要素和文明要素，包括人与自然、人与人、人与自身不可分离的内在关联和生命有机性"[2]。可见，生态伦理世界观与唯物辩证法所强调的发展的、联系的世界观以及真理的绝对性和相对性辩证统一的真理观是相吻合的。

在价值多元、权威弱化、系统联系增强的虚拟实在中我们更要倡导生态伦理世界观；当然在虚拟实在中这种世界观又深深打上网络的烙印，具有鲜明的网络特色。

首先，就存在论层面而言，网络伦理与伦理实体自然本性（特别是经济活动）的关系应达到"生态和谐"和"生态同一"的境界。在现实世界中，由于受经济利益的驱使，人们常常不顾人类世代生存的环境，对大自然进行破坏性的甚至毁灭性的开发，从而造成严重的环境污染和破坏。同样，在网络世界中，

---

① 樊浩：《从本体伦理世界观到生态伦理世界观》，《哲学动态》2005 年第 5 期，第 21 页。

② 樊浩：《从本体伦理世界观到生态伦理世界观》，《哲学动态》2005 年第 5 期，第 25 页。

也存在为了经济利益（或其他利益）对网络进行破坏性使用，从而造成网络生态危机的情况。李伦先生将网络生态危机的表现归纳为网络信息污染、网络安全危机、"网络私人空间"危机、信息膨胀与信息资源短缺和文化多样化危机等方面。① 网络生态危机源于"经济决定伦理"的观念在虚拟实在中的克隆与流行，这种观念认为"经济一旦成为共体的自然冲动，就天生是'伦理的'"②。因而那些网络广告客户们在经济利益驱使下到处散发产品信息（甚至垃圾邮件），或者利用特殊软件搜索网民的个人资料、侵害网民的隐私权，便被自视为合乎市场道德的行为；而发达国家利用自身的技术优势向发展中国家输出本国的文化形态、价值观念和生活方式，进而实施文化殖民，也被自认为是合理的信息传播行为。然而，这些行为都严重危害了网络生态的和谐和统一。

其次，在价值论层面，网络世界中"义与利""理与欲"的传统价值观念受到挑战。本来在传统伦理中"义"和"利"的关系已经被明确定位，即重"义"轻"利"，甚至舍"利"求"义"，但是随着后工业社会的到来，网络传播中出现诸多后现代主义的特征，如去中心、反权威、消解主流意识形态、意义削平、主体零散化等，这些均对传统伦理"义"和"利"的关系定位提出了新的挑战。

国内有学者认为，虚拟实在和真实实在的差异会造成道德评价上的双重标准问题。③ 总体看来网络伦理在某些方面较社会伦理更为宽容，我们认为"双重标准"是我们必须面对的一个现实，它的出现意味着本体伦理世界观的式微，我们不能简单地将"义与利""理与欲"的任何一方推向绝对价值的宝座，不能以"伦理决定经济"来反叛"经济决定伦理"。而应当注重营造双方的和谐和共融，寻求网络伦理的整体合理性，并在动态联系中发现网络生态的平衡点。

最后，从人伦关系层面看，网络世界要关注个体与个体之间的"合理生态"，建构平等互惠、协调融洽的网络人际关系伦理。

如前所述，虚拟实在是一种不同于现实实在的全新实在，这使得虚拟实在中人与人之间的关系伦理面临新的困境与抉择，是将现实实在中人与人之间的

---

① 李伦：《鼠标下的德性》，南昌：江西人民出版社，2002 年，第 298 – 299 页。

② 樊浩：《从本体伦理世界观到生态伦理世界观》，《哲学动态》2005 年第 5 期，第 24 页。

③ 徐迎晓：《网络伦理与社会伦理之双重标准》，浙大知行网，http://zxw.zju.edu.cn/exoterica/11dt/L1dt21/.htm。

关系伦理直接移植到虚拟实在中，还是另起炉灶，构造出适合虚拟实在特点的新的伦理体系呢？我们认为，这两者之间其实还有第三条途径可走，即移植和创建的有机结合。

为论证这一观点，我们先要对网络世界（虚拟实在）中的人际关系进行分类。一是现实延伸型，即将现实中的人际关系直接转移到网络上去，关系人之间能够明确自己和对方的真实身份，如亲朋好友、上司同事之间互发电子邮件。二是网络新建型，即撇开现实中的人际关系而在网络上新确立的人际关系，他们之间之所以产生联系完全是由于网络的存在，他们之间不知道对方的真实身份，其社会角色也被伪装起来，如素昧平生的网民在 BBS 上就共同关心的话题发表言论。三是角色转化型，这一类型又包括两小类，其一是现实世界的熟人转化为网络世界的陌生人，即在网下他们是相互知晓对方身份的熟人（如亲属、朋友、同学、同事等），但在网上由于网络的匿名性，他们在不知情的情况下彼此重新交际，建立了新的网际关系；其二是由网络世界的陌生人（网民）转变成网上熟人（网友），再转变成现实世界中的熟人（朋友或恋人）等。对于现实延伸型的人际关系，需将现实世界的关系伦理移植到网络中，让关系人遵循现实世界的关系伦理；对于网络新建型的人际关系，则要考虑创建全新的网络伦理，以规范他们之间的道德行为；对于角色转化型的人际关系，关系人既要遵循现实世界的关系伦理，又要遵循新创建的网络世界的关系伦理。

二、网络传播的伦理冲突及其协调方法

虚拟实在的出现为伦理学带来了一系列新的课题，其中网络传播的伦理冲突已成为困扰学界的难点问题。对此，我们要从道德哲学的层面，寻找解决问题的伦理学方法。

网络传播的伦理冲突表现在如下几个方面：

（一）自由与责任

网络的开放性、匿名性、广泛性，使得网络相对于传统媒体而言，有着更大的自由度，网民无须经过编辑的严格审查便可以轻易在网络上发表言论。这就很容易让人产生错觉，似乎在网上可以为所欲为，在现实世界中不敢说的话可以在网上说。这是网上自由的第一种表现，即言论自由。第二种表现就是信

息选择的自由，网上的信息可谓千姿百态，五花八门，网民只要轻点鼠标便可以在信息的海洋里徜徉，享受网上冲浪的快意。网络传播的自由受到一些网络空间权利维护者的推崇，如美国"电子边疆基金会"的创办者巴娄就信奉"网络上所有的东西都应当是自由的"①。显然，网络世界中的自由与传统伦理的责任形成了矛盾与冲突。

康德认为："责任的普遍命令，也可以说成这样：你行动，应该把行为准则通过你的意志变为普遍的自然规律。"②康德的意思是，如果你的行动准则不能成为一条普遍适用的自然规律，那么就是缺乏责任的。例如自杀就是不负责任的行为，因为其行为准则是：在生命的延续给我带来更多痛苦的时候，我就要结束它。显然，这不是一条普遍适用的自然规律，因而自杀是不负责的行为。由此看来，在网络中没有绝对的言论自由和信息选择自由。因为绝对言论自由的行为准则是：人们在网上可以任意发布信息（包括虚假的），可以随意攻击他人。但这条准则是缺乏普遍性的（因为我们很容易将它归谬），所以绝对的言论自由是不负责任的。而绝对的信息选择自由的行为准则是：人们在网上可以随意地获得任何想要的信息。显然，这条准则也难以成为普遍适用的自然规律，例如国家机密信息是不能随意获取的。所以绝对的信息选择自由也是不负责任的。

那么，从方法论上看，自由和责任在虚拟世界中如何来协调呢？我们认为可以采用"原初状态推导法"和"话语共识协商法"相结合的伦理方法论。"原初状态推导法"借鉴了美国伦理学家罗尔斯提出的"反思平衡"方法，"反思平衡"方法的思路是"由描述原初状态的条件引出正义原则，然后把这些原则同人们对正义的审慎判断相比较"，并经过对双方的反复修正，最终达至和谐一致。③罗尔斯的意图是由原初状态的假设，构想、推导出道德原则，再将它与人们以直觉得到的审慎判断相对照，取长补短，不断修正。我们认为，罗尔斯的"反思平衡"方法的前半部分，即由原初状态推导出道德原则，是富有创造性和实效性的，而后半部分——通过与直觉上的审慎判断相比照而平衡双方则缺乏可操作性。因为每个人由于知识背景和文化语境的差异所作出的直觉判

---

① 胡泳、范海燕：《网络为王》，海口：海南出版社，1997年，第355页。

② ［德］伊曼努尔·康德著，苗力田译：《道德形而上学原理》，上海：世纪出版集团、上海人民出版社，2005年，第40页。

③ 朱士群、万军：《社会契约的重建》，《学术界》1997年第3期，第19页。

断即使是非常审慎的，也不尽相同，甚至是大相径庭的，这样如何将由原初状态推导的道德原则与各种不相同的直觉上的审慎判断相对照便难以操作。"话语共识协商法"借鉴了德国社会哲学家哈贝马斯的话语伦理学理论。话语伦理学是建立在哈贝马斯的交往行为理论的基础上的，他认为："如果人与人之间的语言交往要顺利达成，就必须满足若干有效性要求（valid claim）。话语伦理学的核心思想就是：有效的道德规范是所有一切参与者通过遵守这些有效性要求进行反复讨论而共同赞成的规范，其目的是就所提出的规范的有效性要求达成理性的共识。"①"话语共识协商法"就是要充分调动社会公众的积极性，对道德规范展开讨论乃至辩论，从而达成最大范围的共识。显然，"原初状态推导法"和"话语共识协商法"是两种不同的伦理建构方法，前者侧重于理想状态的思考与推定，后者侧重于现实状态下不同力量、不同观点的博弈。最后的结果两者可能不一致，两者内部可能既包含合理性，又包含荒谬性，这就需要罗尔斯的"反思平衡"方法来修正、完善。下面我们运用上述方法来论证自由与责任这一冲突的协调：

首先，我们构造针对网络世界的原初状态，"以作为人们从事最初道德选择的理想环境"②。网络道德"原初状态"具有如下几个特征：①网民们（或准网民们）处于"无知之幕"中，他们不知道自己的身份地位及所代表的利益集团，不知道自己的价值观念、文化背景，这样才能"使大家处于零信息的完全平等状态，才能保证每个人都拥一个'共同的视点'"③；②网民们（或准网民们）是有理性的，他们有能力作出理性的决定；③网民与网民是"互不偏涉"的，他们既不想无谓利人，也不想有意害人；④原初状态为网民所"共知"。可见，原初状态不等于现实的状态，而是一种具有理想色彩的思想实验。其次，在上述假定的基础上导出网络传播自由与责任的道义原则：第一，每个合法公民都有权享受网民所共享的广泛的网络自由（自由原则）；第二，每个合法公民理应确保在网上的自由行为对国家集体或其他个人是无害的（责任原则）。自由原则体现了自由和平等的精神，即不应对任何合法公民的网络行为抱有偏

---

① 郑富兴：《话语伦理学与学校道德教育》，《比较教育研究》2002 年第 12 期，第 13 页。

② 王秀华、程瑞山：《"原初状态"与"反思平衡"：罗尔斯道德哲学方法论》，《内蒙古社会科学》（汉文版）2004 年第 6 期，第 52 页。

③ 王秀华、程瑞山：《"原初状态"与"反思平衡"：罗尔斯道德哲学方法论》，《内蒙古社会科学》（汉文版）2004 年第 6 期，第 52 页。

见和歧视。责任原则体现了无害的精神，显然，要求任何网络行为都必须有利于他者是不现实的，但起码应是无害的（例如在网上传播电脑病毒就违反了责任原则）。最后，再将这两条道义原则与网民就此问题争论后达成的共识进行比较，以不断修正、完善。以上前两个步骤运用了"原初状态推导法"，后一个步骤包含了"话语共识协商法"。在运用"话语共识协商法"时必须注重对话的平等性，即网民之间不受年龄、身份、地位和行政职务的限制，在网上就网络伦理进行充分的交流、对话，这种平等性也更加符合网络世界的自由、宽容的精神。此外，还要注意规范的普遍性，即让绝大多数网民感觉到这一伦理规范带来的长远好处远远大于没有该伦理规范所获得的小恩小惠，同时这一伦理规范带来的不便远远小于没有这一伦理规范所带来的危害，并使认同这一伦理规范的网民自愿接受相应的结果（不论是有利因素还是不利因素）。

（二）游戏心态与社会公信

一直以来，网络传播的互动性被誉为网络媒体的独特优势，但互动性的消极因素被忽略了。其实，在特定话语环境中互动性会促使游戏心态的增加，从而消解传统大众媒体所具有的庄重性和权威性，许多网民希望网络媒体能成为他们逃离现实、宣泄个人情绪、尽情撒野的游乐场。

游戏心态在网络中的突出表现有：沉湎于网络游戏中，让虚拟的争斗（或竞赛）吞噬自己宝贵的时间，对真实的历史进行篡改；随意散发不负责任的小道消息，甚至有意制造谎言，扰乱社会秩序；调侃严肃的政治、经济乃至文化主题；对持不同见解的网民冷嘲热讽，甚至进行人身攻击。游戏心态的蔓延会导致网络公信力的下降，"假作真时真亦假"，即使是真实的信息，网民们对此也将信将疑。有调查显示，"受访者对 4 种媒介的可信度评价，均值由高到低依次为电视、报纸、广播和网络，分别为 3.64，3.57，3.37，3.26"。[①] 可见人们对网络媒体缺乏足够的信任。以上便是网络媒体的游戏心态与社会公信力之间的伦理冲突。

那么这两者之间如何协调呢？我们仍然可以采用上文所述的"原初状态推导法"和"话语共识协商法"相结合的方法，限于篇幅不再赘述。但总体看

---

① 张明新：《网络信息的可信度研究：网民的视角》，《新闻与传播研究》2005 年第 2 期，第 21 – 22 页。

来，应该是：游戏行为与心态不应对媒体的公信力产生消极影响，同时社会公信力的树立不应以取消网络的互动性和游戏性为代价。

（三）技术理性与人文精神

19 世纪和 20 世纪的科技发展为人类带来巨大的物质财富，并推动了人类文明的进程，于是人们奉科学为圭臬，对技术顶礼膜拜，由此，"技术理性"被推向令人仰慕的神圣宝座。何谓"技术理性"？"技术理性"又称"工具理性"，有学者认为，"技术理性就是指工业文明社会（或技术社会）中，以科学技术为核心的一种占统治地位的思维方式或影响人类未来发展的决定性力量，可以称之为一种完全的理性主义"[①]。由于计算机、网络的诞生与发展和日新月异的科学技术密不可分，因此技术理性的观念在网络传播中备受推崇、影响深远，一些计算机和网络工作者以及网民把技术推向至高无上的地位，甚至心甘情愿地接受技术的控制。美国学者罗斯扎克曾指出："微电子技术引起的核心过程是信息的渗透，即在所有领域内，越来越多的人类活动或者受到高信息机器的渗透，或者完全为高技术信息机器所控制。"[②] 我们认为，在网络传播中技术理性已不仅仅是一种非常普遍的价值观，而且也是左右人们道德选择的伦理观。

笔者在《技术异化中的人性残缺——对当前网络广告的追问与反思》一文中曾批评网络广告中存在的注重技术而淡漠人性的现象，[③] 其实毫不夸张地说，这种现象存在于整个网络传播的领域，最典型的例子就是黑客现象的盛行。黑客们把技术视为自己的生命，他们热衷于进入别人的系统自由驰骋、为所欲为，向别人炫耀自己的技术和才能，有时也扮演一下打抱不平、为民请愿的角色。在黑客看来，技术是第一位的，他们奉行"应该以作为黑客的高超技术水平来评判黑客，而不是用什么正式组织的或者它们的不恰当的标准来判断"[④]。为了展示自己的技术天赋，他们会肆意攻击重要的网站，甚至政府部门和企业的内部系统。而对一些网民来说，他们视黑客为自己心目中的英雄，认为黑客行为大胆，有活力，有创造性，敢于挑战权威和传统。这种技术理性的伦理观念显

---

① 赵建军：《技术理性：反思与批判的意蕴》，《宁夏大学学报》（人文社会科学版）2002 年第 1 期，第 5－6 页。

② 钟瑛：《网络传播伦理》，北京：清华大学出版社，2005 年，第 70 页。

③ 杨先顺：《技术异化中的人性残缺——对当前网络广告的追问与反思》，《现代传播》2005 年第 3 期，第 44－46 页。

④ 李伦：《鼠标下的德性》，南昌：江西人民出版社，2002 年，第 302 页。

然与现代社会所大力倡导的人文精神存在矛盾。

人文精神是相对于科学精神而言的，科学精神强调探索真理的客观的、理性的态度，而人文精神则强调对人的尊严、人的价值的推崇和确认，强调对人类自身命运的终极关怀。有学者认为，人文精神具有三个特点：①求善，求美；②超越性；③以人为本。①

爱因斯坦早就认识到科学自身的局限性，他指出："科学是一种强有力的工具。怎样去使用它，是给人类带来幸福还是带来灾难，完全决定于人们自己，而不取于工具本身。"② 可见，科学技术对人来说仅仅是工具，而人才是最终的目的。法兰克福学派更是对技术理性进行了尖锐的、系统的批判，如法兰克福学派的代表人物马尔库塞曾批评："技术的逻各斯已经成为继续奴役的逻各斯。技术的解放力量——物的工具化——变成自由的枷锁：人的工具化。"③ 我们认为，网络中的技术崇拜会导致网络伦理秩序的紊乱和人在网络世界中的异化。异化是指人所创造的工具反过来控制着人、奴役着人，网络中的异化主要表现在：人在海量的信息面前显得束手无策，成为零散化的碎片；在网络游戏中，人表面上是在操控游戏，但实际上是被游戏所操控，从而丧失了人的自主性；人过分地依赖技术，一旦技术出现问题，人便几乎丧失了生存的基石；人被虚拟化、单一化，丧失了现实世界中真切的交往，丧失了现实世界的多样性和丰富性。从道德哲学来看，人的异化实质上是对人类整体的最大的不道德。所以，在网络传播中，我们必须摈弃技术崇拜的观念，确定人的主体性地位，弘扬缺失已久的人文精神。

但是另一方面，技术理性对科学技术在社会发展的重要地位的推崇有其合理的因素，科学技术的不适当应用或不合理运用的罪过不在于科技本身，而在于人类自己。法兰克福学派将科学技术在运用时所产生的负面影响归咎于科技本身是有失公允的、偏颇的。法兰克福学派的社会批判理论方法过于追求"片面的深刻"，"他们的理论都多少带有不合时宜的浪漫主义情调甚至乌托邦色彩"④。为此，我们提出应将法兰克福学派的社会批判方法改造成"社会辩证批

---

① 赵成：《人文精神的内涵研究及其意义》，《学术论坛》2005 年第 5 期，第 148 页。

② ［德］爱因斯坦：《爱因斯坦论著选编》，上海：上海人民出版社，1973 年，第 321 页。

③ ［美］马尔库塞著，张峰译：《单向度的人》，重庆：重庆出版社，1988 年，第 135 页。

④ 吴文虎：《传播学概论》，武汉：武汉大学出版社，2001 年，第 326 页。

判法"，即从事物之间的辩证关系和历史发展角度来进行社会批判。循此思路，我们认为，在网络传播中人文精神的迷失不能归咎于网络技术本身，在强调人文精神的同时，我们又不能忽视网络技术手段的创新与发展。

（本节作者：杨先顺。原文发表于《现代传播》2006年第6期，有改动）

第二节　网络传播的后现代伦理审思

在高科技、信息化的强有力支持下，网络将人类的文化传播带进了一个崭新的时代，信息传播的快捷和广泛，是以往的传统媒介难以企及的。与此同时，网络中出现的虚拟社区给了人们一种"数字化"的美好幻象，也带来了新的伦理形态。我们不得不承认，网络伦理具有典型的后现代主义特征，它对传统伦理学的冲击无可避免。目前，国内外学者对于网络伦理已经进行了许多探讨，本节在前人的研究基础上，试图从后现代伦理的角度进行探讨。

一、网络传播中的后现代伦理特征及其批判

伴随着网络媒体的兴起与发展，传统的伦理受到了新的挑战。在传统的伦理世界观中，无论是亚里士多德的德性论，还是基督教的良心论；不论是康德的义务论，还是密尔的功利主义；不论是罗尔斯的正义论，还是各种道德相对主义，所有这些伦理学无一不是一种人类中心主义的伦理学。约纳斯认为这些伦理在本质上都是一种"近距离的伦理"①。概而言之，"整个传统的伦理学就是一种人类中心论的伦理"②。然而这些伦理学在网络传播时代遇到了前所未有

①　《后现代伦理学：论汉斯·约纳斯》，http://zd.54yjs.cn/zhexuelunwen/20080419 - 34319. html。

②　《后现代伦理学：论汉斯·约纳斯》，http://zd.54yjs.cn/zhexuelunwen/20080419 - 34319. html。

的挑战，那些崇高的道德价值在网络的虚拟性、复制性、匿名性、去权威性等后现代特征面前摇摇欲坠。传统伦理世界观在网络传播中被颠覆，由于受后现代主义思潮的影响，网络道德呈现出后现代伦理的倾向（甚至在某些方面表现得很强烈）。虽然后现代伦理并不是互联网的产物，但互联网的出现却为后现代主义文化的发展提供了肥沃的土壤。

后现代伦理的产生是与现代伦理面临的危机密切相关的，它是在应对现代伦理的挑战中形成的，是对待现代伦理的一种态度，以及力图超越现代伦理的一种努力。王岳川先生认为："后现代性的显著标志是反乌托邦、反历史决定论、反体系性、反本质主义、反意义确定性，而倡导多元主义、世俗化、历史偶然性、非体系性、语言游戏性、意义不确定性。"[①] 在网络时代，传统的生活方式、文化习俗、价值批判、审美标准遭到怀疑或抛弃。网络传播中的道德观念和道德形态呈现出如下一些后现代伦理的特征：

（一）道德主体的虚拟化和道德语境的虚无感

现代伦理学普遍将"理性"作为根基，把人类行为置于"理性假定"之上。现代思想家们感觉到"道德并非人类的一种自然特性，因此需要制定并强加于人们一种全面的整体性道德规范，这种道德应当是一种能够强迫人们遵守的依附性行为规范"[②]。这种普遍以"他律"作为道德伦理运行的基础，往往是由于人们害怕自己做出违反"道德规范"的行为受到谴责。

在网络虚拟社区中，匿名性则打破了这个基本根基。网络社区的开放性和虚拟性导致了与现实社会传统伦理在承载主体身份认同上的差异。现实中伦理主体身份的确认，总是与一定的社会地位、经济状况、性格特征等因素直接关联，相对简单和直观。而在网络伦理中，网络提供了一个新的交往平台，但在这个交往平台后面的交往主体却是未知的，交往者都不可避免地戴上了面具，使得交往者的国籍、种族、社会地位甚至性别、年龄都模糊不清。正是因为这种匿名性使得网络成员摆脱了现实生活中角色的种种制约，可以自由地设定自己的角色，这样道德主体就被虚拟化了。在虚拟的幻象中，"世界变成了柏拉图

---

　① 王岳川主编：《中国后现代话语》，广州：中山大学出版社，2004 年，第 3 - 4 页。

　② 张成岗：《鲍曼论"后现代伦理危机"及"后现代伦理学"》，《哲学动态》2005 年第 2 期，第 51 页。

式的'影子的影子'"①，这很容易让人产生一种错觉，以为在网络世界中的道德失去了现实世界的基础，人似乎摆脱了现实世界道德的束缚，而虚拟世界的道德是不存在的。我们将这种现象称为"道德语境的虚无感"。

道德主体的虚拟化和道德语境的虚无感对网络传播具有严重的危害性，它们扩大了"赛博时空""自由"的限度。一个失去了某些强制"他律"因素的自由空间，容易造成整个网络社会的道德失范现象的泛滥。最典型的是黑客现象。最初的网络黑客指的是计算机网络的技术精英，而如今黑客已经成为非法侵入他人网络系统或制造和传播病毒的人。从性质上讲，黑客行为已经不再单单是一种技术行为，而是一种侵犯他人或社会利益的越轨行为。他们未经授权而随意进入他方网络系统，破坏、扰乱、篡改、删除网络程序，读取或变更数据及程序文件。其行为不仅对网络信息和网络安全构成巨大威胁，而且严重干扰了网络社会的正常秩序，给整个网络社会带来难以弥补的物质、精神和心理损失。②

（二）道德中心的离散和道德权威的消解

在现代伦理中，工具理性及其具体形态的系统——科学技术和市场经济——不断发展与扩张，使理性化社会日益呈现出一种极端化趋势，工具控制的体系比以前暴露得更为赤裸。正如黑格尔所言，现代性的症状是伦理生活的实证化，道德和行为规范脱离社会成员活生生的理解过程，变成了外在强加的教条。③ 但这种状况在网络世界中出现了巨大变化，在网络构建的"无中心状态"社会中，没有一个统一的"主义"，也没有绝对的权威。网络传播中，传者与受者的界限不再泾渭分明，每个人都可以传播信息，从而也造成了信息难以统一管理，所谓传播中"信息把关人"的地位也被削弱，现实社会中值得信赖的伦理规则也变得软弱无力。网络传播通过超文本、超链接的手段，将全球文化连接在一起，产生了一个多元化的文化；加之网络中的大部分内容为个性化的传播，其内容设计多出自于传播者自身的个体需求。正由于网络的多元化

---

① 张品良：《网络传播的后现代状况对青年的影响及应对》，《江西财经大学学报》2005年第 2 期，第 112 页。

② 徐元红、尚丽：《网络社会道德失范现象的反思》，http://theory. people. com. cn/GB/49154/49156/7817047. html。

③ 《后现代主义视角下的伦理学》，http://anpuruofan. fyfz. cn/blog/anpuruofan/index. aspx? blogid = 376235。

话语特征，网民随性表达想法，主流思想被冲击，权威话语已经很难如传统媒介一样发挥"意见领袖"的作用。如鲍曼所说："我们可以信赖的权威都被提出了质疑，似乎没有一种权威强大到能够使我们足以信赖。结果，我们不信赖任何权威，至少我们不完全地信赖任何权威，不长久地依赖任何权威，我们对任何宣布为绝对可靠的东西都表示怀疑。"这样，网络就由过去的等级式、单向式向平等式、交互性、非中心化转化，体现出多元共生的后现代伦理特征。

虽然道德中心的离散和道德权威的消解在西方对于反叛工具理性和现代工业文明所造成的人的"单向度化"具有一定积极作用，但其危害性也是不容忽视的，特别是在当代中国。网络时代赋予了大众前所未有的话语权利，满足了大众的话语狂欢。人们重新按照自己的文化价值标准衡量时代文化时，这个集体方式冲击着精英霸权的话语力量，重新解构了"英雄""偶像"的定义。"赛博时空"造就了一个审丑、欣赏变节英雄的时代，自然它也就成为互联网历史中的一道风景线。芙蓉姐姐、木子美等的走红，在挑战人们传统审美的同时，一个网络的集体狂欢也由此开始。"芙蓉姐姐式"炒作法似乎给了网民"灵感"，一个个"芙蓉姐姐"此起彼伏，人们在这种恶搞、变态、稀奇古怪、极端甚至龌龊的事情面前大多是抱着一种看客心态，目睹一场崇高与伟大、审美与道德、英雄与气节大厦的倒塌，也经历了从未有过的世俗普遍化的狂欢。庄羽诉郭敬明抄袭案胜诉，但粉丝们"抄袭有理"的声音依然理直气壮，似乎侵犯别人权益的人倒成了受害者，被侵权者反而成了罪人。另一方面，正如鄢烈山所说："我们的民众平时缺少表达空间，比如在基层自治、作为选民与代表的沟通、在传统媒体上，都没有多少表达权，现在有了网络，他们就很活跃；既有表达，也有发泄，何况网上可以'穿马甲'，说话放肆。不想听取别人意见，望标题就骂，开口就骂，是缺乏教养和民主生活训练；还有传统的理学家的"以理杀人"、野蛮的村社生活的私刑，多少年的敌我二元思维和仇恨教育，'文革'式的暴力语言等等思想文化根源。"① 这类放纵与权威消解，成为滋生个人主义的温床。网络明显弱化了集体与权威，这些对中国长期构筑的集体主义观念形成了严峻的挑战。

（三）道德祛魅的极化和道德界限的模糊

"祛魅"（disenchantment）这一概念最早由马克斯·韦伯使用，"其核心是

---

① 鄢烈山：《网络舆论与网络暴力之我见》，《南方周末》，2008 年 7 月 27 日。

否弃具有神秘性的有魔力的事物，祛除其'神性'与'魔力'，由超验神秘返归自然世界、世俗生活本身"①。道德祛魅原本是将道德从至高无上的理想化的神坛上请下来回归世俗生活，这对于建构道德的平等性和亲近性具有积极的意义，但是在网络传播中，道德祛魅被一些网民甚至学者推向了极端，道德从神坛跌入地狱。道德祛魅的极化会导致道德界限的模糊不清。

依据美国学者詹姆森的观点，电子媒介具有可复制性。那些曾经为人欣赏的文化品，在网络传播时代则可以大量复制甚至转化为商品。网民在网络中可以自由复制与再复制，甚至任意重组发布新的信息。正是这种特性使得信息传播在网络中变得主观而离奇。同时，这种复制性和信息可传播性使得传统文化的形态被改变或者扭曲，网络道德模糊并且难以确定。以"艳照门"为例，大量私人照片被复制与传播，从而破坏现实中照片主角的正常生活。传统伦理的理性会指引人们"不侵犯隐私，互相尊重"，而进入网络社会却相反，人们高呼"奇拿大人"发出更多艳照，并且谴责照片主角的行为。在这里，侵犯隐私的人俨然成为"善者"，而受害者则变成"千古罪人"。善恶在网络中难以区分出界限，人们难以确定哪一种规范、哪一种权威更值得去遵守。英国哲学家齐格蒙特·鲍曼在《后现代伦理学》一书中说："我们的时代是一个强烈地感受到了道德模糊性的时代，这个时代给我们提供了从未享有过的选择自由，同时也把我们抛入了一种从未如此令人烦恼的不确定状态。"②

（四）道德行为的非理性化

网络的开放性，使得新媒体真正做到了传播权利的普及和平等参与，传者与受者不再界限分明，任何人都可以成为信息发布者。这种特性使得网络传播的个人化特点显著突出，Web 2.0 到 Web 3.0 时代，博客与播客的大量兴起，使网络这个大平台变成了每个人展现自己的大舞台，传播的内容也日趋个人化，人们所追求的亦日渐个性化，更加随心所欲。从后现代伦理角度来看，网络中的道德伦理不可避免是"非理性的"，也难以存在一个表达是为遵从非个人化的普遍化规则。在这个虚拟社区里，"道德像生命的其余部分一样，是不可预测

---

① 高兆明：《技术祛魅与道德祛魅——现代生命技术道德合理性限度反思》，《中国社会科学》2003 年第 3 期，第 43 页。

② ［英］齐格蒙特·鲍曼著，张成岗译：《后现代伦理学》，南京：江苏人民出版社，2003 年，第 23 页。

的：它没有伦理的基础。我们再也不能为道德的自我提供伦理的指导，再也不能'创制'道德"①。网络道德的吁求是完全个人化的，道德是个人化的行为实践，是因人而异的多元样态的自我生活实践。

"赛博时空"巨大的包容性使得人类的心理感受得以无限延伸，人们尽情地宣泄着个人情绪。网络的"宽容"一方面满足了人类的心理寄托，另一方面也滋养了"网络暴力"。网络暴力是社会暴力的延伸，每个网络上的人都可能成为受害者。网络暴力正在以其独有的方式破坏着公共规则，触犯着传统道德底线。"虐猫事件"发生后，网民通过各种各样的技术手段，找到虐猫主角，打着"道德"的幌子扰乱他人的正常生活，俨然已经超越了原本的道德底线；以"人肉搜索"为典型的网络侵犯私人信息和企业商业秘密备受推崇。此外，网络中侵犯著作权的现象泛滥，网络日益成为违法犯罪的主要隐秘途径，等等。人们在网络上变得那么轻薄和无畏。如果任由非理性行为的发展，不加引导与控制，理性的声音则可能消沉下去，导致社会价值观的混乱。

二、网络传播中后现代伦理的救赎之道

在信息时代，高科技已经迈入人们的日常生活，影响着人们的生活与思维方式，推动着人类社会的不断发展。网络时代带来了世界性的大变化，人们的生活变得更加快捷、方便与多彩。然而，利与弊往往都是建立在与其相对应的道德伦理背景上，如果没有相应的文化水平和知识修养，一味沉溺在网络虚拟的、复制的、符号的电子生活中，就必然会把网络传播中后现代伦理的负面效应放大，导致社会伦理和社会责任的危机。

网络传播中的后现代伦理倾向可以从如下几个方面来救赎：

（一）澄清"虚拟实在"的本体论地位，确立网络道德的实在性

我们认为，道德主体的虚拟化和道德语境的虚无感不应该等于道德的虚无化。正如本节前文中所论证的，网络世界本质是"虚拟实在"，属于"世界3"②，道德既是可能的，又是必要的。而鲍曼所说的"道德是没有原因和理由

---

① ［英］齐格蒙特·鲍曼著，郁建兴、周俊、周莹译：《生活在碎片之中——论后现代道德》，上海：上海学林出版社，2002年，第5页。

② 杨先顺：《网络传播的道德哲学审思》，《现代传播》2006年第6期，第105页。

的；道德的必要性，道德的意义，也是不能被描述和进行逻辑推理的"①，只是网络世界给人的一种假象。

网络是受到主体意识所作用的社会实在，又具有强烈的主体创造性，它已经具备道德建构的先决条件。网络中人们通过信息数字的传播和彼此的交往而形成一个虚拟的社区，这个社区类似于现实的社会，人们同样拥有一个身份，有彼此间的关系，同样地获取与给予。这些关系需要一个无形的规范来约束，否则虚拟社会就会因混乱而丧失其魅力乃至存在的合理性。因此，网络虚拟现实不仅需要强制性的法律法规，而且需要非强制性的道德伦理。

（二）以"话语共识协商法"建构具有平等感和共识性的道德新范式

网络是一个零散的世界，五花八门的信息充斥着网络，使得整个社会政治价值多元化。在传统的大众传媒形式下，我们拥有一系列成功引导舆论的调控管理机制和方法。然而在网络传播中，主流的思想被冲击，网民随性表达想法，很多时候处于一种冲动与"非理性"状态，并且由于网民的素质良莠不齐，难免出现言论偏激的现象，大量削弱了媒体的议程设置功能。除此以外，后现代的发源地——西方国家凭借其雄厚的技术和经济优势，在网络上推行"信息殖民"扩张。在新媒体环境下，西方国家的意识形态渗透以更加明确的意图、更加隐蔽的方式、更加凶猛的势头，进行立体化推进。② 这势必对我国社会主义价值观与国民的思想观念造成不容忽视的冲击。后现代伦理强调"解构"和"多元化"，这在"开放性""无疆界"的网络传播中得以强化。

在如此多元的话语环境下，如何加强正确的舆论导向，发挥媒体议程设置功能，我们认为可以采用"话语共识协商法"（详见本章第一节中的"二、网络传播的伦理冲突及其协调方法"），同时辅以"意见领袖"的引导，以期建立一种更加适合网络环境的伦理状态。"话语共识协商法"是在公众参与讨论中达成一个最大范围的共识。网络多元化话语环境容易造成讨论的秩序混乱，在这里，我们认为应让足够理性的"意见领袖"充分发挥作用，引导主流话语，在反复讨论中缓解多元话语与权威话语之间的矛盾，形成最后的话语共识。

---

① ［英］齐格蒙特·鲍曼著，郁建兴、周俊、周莹译：《生活在碎片之中——论后现代道德》，上海：上海学林出版社，2002 年，第 5 页。
② 王永友、史君：《新媒体环境下西方意识形态渗透的实质、方式与应对策略》，《马克思主义研究》2017 年第 2 期，第 104 – 112 页。

（三）树立网络生态伦理观，消除道德模糊化的倾向

对网络技术的误用和滥用，会造成网络信息污染、网络安全危机、"网络私人空间"危机等网络生态不平衡。网络是人类的第二生存空间，是人与信息的生态，这就要求网络保持一种整体意义上的、结构性的动态平衡。①

因此，我们认为，在价值多元、权威弱化、系统联系增强的虚拟实在中应树立一种网络生态伦理观。生态伦理世界观"强调各种伦理要素和文明要素，包括人与自然、人与人、人与自身不可分离的内在关联和生命有机性"②。网络生态伦理观在网络虚拟实在环境基础上改进传统的伦理世界观，有机结合网络环境与道德伦理，消除道德模糊化倾向，以保护网络的"生态和谐"③。

（四）以责任伦理规避网络伦理中的"非理性"

网络传播为畅所欲言提供了技术平台，在一定程度上这似乎向着建构"公共领域"又迈进了一步。西方伦理学中有两大传统：一是自由主义，二是共同体主义。前者坚持道德普遍主义，后者宣扬伦理特殊主义。哈贝马斯在论述公共领域概念的同时，也对公共舆论的媒介进行了分析，作为载体的媒介使得公共舆论与公共权力之间的对话有了交流的空间，对公共交往网络的形成和公共领域的构建发挥了重要作用。④ 然而网络提供的这种"道德自我"由于缺乏明确的约束，容易导致网络空间混乱。网民可以随意地在网络上发表见解，甚至放纵自己的行为，任意辱骂、攻击他人，编造谎言，传播流言蜚语，而忘却社会责任。网络黑客就是最典型的表现。因为黑客热衷挑战，充满反叛，蔑视权威，他们在网络中横冲直撞，肆意破坏他人网站、制作病毒等。这类行为已经丢失了传统的道德与责任，却仍有不少青年趋之若鹜。

网络环境消解了传统大众媒体的庄重性与权威性，一些网民俨然已经把网络当成他们逃离现实、宣泄个人情绪、尽情撒野的游乐场。鲍曼在《后现代伦

---

① 《"网络生态危机"与网络生态伦理初探》，http://www.govyi.com/gongwenxiezuo/lunwen/200603/51374_2.html。

② 商晓帆：《关于网络伦理的思考》，《情报资料工作》2005年第3期，第12页。

③ 樊浩：《从本体伦理世界观到生态伦理世界观》，《哲学动态》2005年第5期，第25页。

④ 史娜：《从哈贝马斯的公共领域思想看网络论坛在公共话语构建中的作用——以发展论坛为例》，http://media.people.com.cn/GB/22114/44110/113772/7044131.html。

理学》中说：生活的空间被当作游戏场而存在，"表演可以重新开始和重复；甚至它的结束也是'假如'"①。后现代道德要求瓦解"自我完善"，认为传统道德中的所谓"完善"，只是一种玩弄老百姓的把戏，是理性的自我造作和自我欣赏。要求瓦解自我完善，就是要求释放人的自我膨胀欲。这势必会对网络传播的秩序造成极大的破坏。

对此，我们试图用哲学家约纳斯提出的"远距离的伦理"来解决，即用自身行为的责任来约束自己。他认为，传统伦理是那些崇高的道德价值随着技术时代里传统形而上学的终结和上帝之死而彻底崩溃，与此同时它们却未能提出一种直面技术时代的道德责任原则。各种人类中心主义伦理学面对技术对地球的统治以及为争夺这种统治权的斗争无能为力。② 而"远距离的伦理"首先面对的不再是人的精神性的道德困境，而是在技术统治的威胁下人所应当承担的责任。③ 他将责任伦理的绝对命令表述如下："你的行为必须是行为后果要考虑到承担起地球上真正的人的生命持续的义务。"④ 责任伦理要求人类充分考虑到技术的权力所带来的大量不可预知的全球性、破坏性后果。然而约纳斯的责任伦理是从自然的本体论来界定道德伦理的绝对命令的，因此其善的概念是根植于自然之中，而非社会价值等。因此，在借鉴约纳斯的理论来协调网络传播中的后现代伦理弊端时仍需要辩证的立场和方法。

（本节作者：杨先顺、邱湘敏。原文发表于《现代传播》2010 年第 3 期，有改动）

---

① ［英］齐格蒙特·鲍曼著，张成岗译：《后现代伦理学》，南京：江苏人民出版社，2003 年，第 201 页。
② 《后现代伦理学：论汉斯·约纳斯》，http://zd. 54yjs. cn/zhexuelunwen/20080419 - 34319. html。
③ 《后现代伦理学：论汉斯·约纳斯》，http://zd. 54yjs. cn/zhexuelunwen/20080419 - 34319. html。
④ 《后现代伦理学：论汉斯·约纳斯》，http://zd. 54yjs. cn/zhexuelunwen/20080419 - 34319. html。

第三节　微博传播部落化：后现代伦理的视角

一、微博传播的后现代解读

微博，源自于英文单词"microblog"，即微博客，是一种基于互联网的交换工具，允许用户之间交换短篇内容，如句子、图像和视频链接等。① 作为 Web 2.0 的产物，微博属于博客的一种形式：其单篇文本内容简短，发布渠道多元，发布的信息形式多样，信息是通过网络间的人与人的关注、转发等得以传播。

微博具有内容碎片化、使用便捷、传播迅速、交互性强等特点。微博符合后现代主义的特性——"反对中心性、整体性、体系性，重过程轻目的，重活动本身而轻构架体系"②。这些特点塑造了一个缺乏参照物的超现实的"仿真"时代，与传统媒体传播呈现出完全不一样的方式。

报纸、杂志、广播、电视等传统媒介传播是由"把关人"控制，只有符合群体规范或把关人价值标准的信息内容才能进入传播的渠道。这些媒体的信息生产流程中，存在着很多"把关人"，"精确分工的到来，几乎每一种事业都需要很多人来从事，每个人都仅仅完成整个任务中很小的一部分"，而且"每一种工作都有一个附属的纲要，它精确规定了要做什么工作，怎样做和何时做"③。这些导致"把关人"处于"决定媒介内容"的支配地位，传播模式往往从一个层面上推行着总体化策略，将多样性简化为一致性，或者朝着一个目标去组织话语。

传统媒介使信息传播发展成为高度组织化、职业化、制度化的活动，强调

---

① KAPLAN A M, HAENLEIN M. The early bird catches the news: nine things you should know about micro-blogging. Business horizons, 2010, 20 (October): 1 – 9.

② 王岳川：《后现代主义文化研究》，北京：北京大学出版社，1992 年，第 15 页。

③ ［英］齐格蒙特·鲍曼著，张成岗译：《后现代伦理学》，南京：江苏人民出版社，2003 年，第 21 页。

基于启蒙主义理性观念的传播主体观念——个体是理性的、自律的、中心化的
和稳定的人。网络的出现打破了传统媒介构建的文化和信息的垄断，冲击了传
统媒介造就的中心主义，让传播重新回归人际性，"重新部落化"。其中微博的
出现更加剧了这种转变。麦克卢汉提出媒介演变呈现传播主体个人化的趋势，
尤其是以微博为媒介进行的人际传播，更是体现了新媒介环境下，人类从现代
"非部落化"的传播活动向古代"部落化"的传播活动回归的演变趋势。① 也即
麦克卢汉所提出的著名公式：部落化—非部落化—重新部落化。

　　在数字化时代，中心性、整体性、体系性开始消解，传播权开始分散到网
络的个体手中；传统媒体信息的宏大叙事和意义被消解，碎片化、多元化的信
息开始涌现。从传统媒介信息传播到微博信息传播，是一个权威、控制、中心
消解的过程，也是由"现代"到"后现代"的转化与生成的过程，它标志着一
个重新部落化、重新个人化的时代的来临。

二、微博部落化的后现代表征

　　米歇尔·马费索利最早提出后现代文化中的"部落"。部落是个隐喻，是
指因相同的情感集聚起来的族群及其联系。部落成员之间是平等的，权威建立
在个人的经验和威信之上，没有正式的组织；没有成文的制度，只有部落的礼
仪和相应的部落文化来制约部落成员的行为。

　　后现代的部落与"经典的"部落存在区别：后现代部落的成员通过共享的
情感或符号联系起来，而"经典的"部落则是依靠血缘和方言联系起来；后现
代的部落成员是不确定的，散布在社会每一个地方，是一个情感交流的开放系
统；而古代部落的成员是确定的，离开部落将被视为背叛；后现代部落的界限
是观念上的，部落成员的数量可以非常大，不需要在限定的空间中自然共存，
而"经典的"部落是地理上的，部落规模也较小，一般部落成员都生活在同一
个空间；后现代部落的形成和消亡非常迅速，是"解构不朽性的工具"②，而
"经典的"部落则代代相传。

　　微博作为后现代的部落有以下表征：

---

① ［加］马歇尔·麦克卢汉著，何道宽译：《理解媒介》，北京：商务印书馆，2000 年。
② ［英］齐格蒙特·鲍曼著，张成岗译：《后现代伦理学》，南京：江苏人民出版社，
2003 年，第 167 页。

（一）部落以共享的情感或符号为联系基础

微博的传播方式类似于人际传播，其中的每个人都可以选择关注他人，或被别人关注，或相互关注，这些关注构成了感情的部落主义——传播重新回到了原始氏族的大树下面的状态。不同的情感、符号构建出的多元化部落解构了同一性的传统媒体环境。微博部落是由用户的交往行为建立的，它克服了传统媒体传播模式中个体的被动性，反抗着传统媒体对个体作为客体的同一化力量。微博中每个人都是信息和意义的发送者、传播者，他们在网络空间中通过想象创造着自我身份，并且使这种身份表现为多样性、随意性。网络主体的虚拟摆脱了现实中的诸多制约，致使传播有可能呈现出"真的自我"来，以实现人与人之间真正的交流与沟通，构筑起新型的部落。

米歇尔·马费索利认为，部落是社会从现代性向后现代性过渡的表征：因共同的情感，我们与他者相遇、相聚，形成部落；又因情感的转移，我们从一个部落走向另一个部落。① 微博部落代表的是一种共享的价值观，这是一种"重新捆绑"意义上的新形式宗教，它使我们能够找到内心的平衡，并获得价值感，因为"我们只有与一个群体联系起来，才会具有价值。很明显，这种联系是真实的，或是臆想的，并不重要"②。

共享的情感、符号是部落的连接纽带及生存燃料。"正是部落主义激发了群落令人惊讶的活力，热烈的情感，他们前仆后继的投入表现出的令人崩溃和无法预料的一面。"③ 个人在部落主义中不仅找到了感情的归属，还从中发现了个体的基本价值观。部落中出现了互助、共存、专业支持，有时甚至是罗马时代标志性的文化礼仪。比如由微博兴起的"免费午餐"公益活动，"随手拍解救乞讨儿童"活动，都是由一条看似随手发布的信息引起他人的带有情感色彩的评论及转发，微博传播的指数化效应，也可能让情感呈现指数化增长。信息随同情感被不断强化。微博中的热烈气氛鼓励分散在不同空间地域的个体对事件进行高效率、点对点的讨论。借助微博联络起来的部落成员在共同情感的支持

---

① 许轶冰：《米歇尔·马费索利和他的后现代性》，《江南大学学报》（人文社会科学版）2012 年第 11 卷第 2 期，第 47 – 48 页。

② 许轶冰：《米歇尔·马费索利和他的后现代性》，《江南大学学报》（人文社会科学版）2012 年第 11 卷第 2 期，第 47 – 48 页。

③ 许轶冰：《米歇尔·马费索利和他的后现代性》，《江南大学学报》（人文社会科学版）2012 年第 11 卷第 2 期，第 47 – 48 页。

下，参与微博部落认同或提倡的活动。

部落对于情感的狂热也能导致信息的歪曲和情绪的非理性化。中国已进入"大众麦克风时代"，在信息管道众多的情况下，可能有人试图发布歪曲、虚假的信息，并调动起整个社会的情绪。例如，微博上流传的世界末日"3天黑夜"的谣言从线上传至线下，在四川内江等地引起当地居民恐慌，集市出现蜡烛与火柴的抢购潮。

（二）没有统治者的部落

微博的部落建构在虚拟的网络交际之中，"不稳定的、多重的和分散的主体"[①] 和多元化的部落模糊了现实中的相互关系及等级界限，也消解了专家、权威对现存社会、生活领域的主导权。于是，微博部落的权力就存于网络主体及其相互关系中。

部落中的个体被象征、归属所激励，却认为动力来自内部，认为狂热是自发的。对此，米歇尔·马费索利评价道："这些自发的行为得到了当代环保意识的响应，因为它们本能地排斥外界势力的操纵，而更倾向于具有自组织的自然的东西，不管这种自组织是自然的还是社会的。"[②]

后现代主义者福柯利用"微观权力学"揭示社会发展的"自组织"动力学，把社会首先理解为是一个策略斗争行动的永不间断过程。[③] 他主张"权力去中心化"，从权力结构内部多元异质力量之间相互作用的动态过程考察权力，从而将权力微观化、复数化。他认为后现代特征在于有空前繁多的权力核心和不计其数的流通节点，权力关系在其中得以维系、支撑，并散播于四界。权力不应该作为一个固定的所有物和一个社会群体中某一个体的永久性特征，而应作为主体间策略、冲突"敞开的"的产物，随处运作并表现为高度的不确定性。权力主体并不是某一个或一类人，每个人都是权力的主体。

微博部落中的权力是通过网络的话语展现的。微博作为具有技术革命意义的公共平台，提供双向交流的扁平化话语空间。不管是普通老百姓或者是有话

---

① ［美］马克·波斯特著，范静哗译：《第二媒介时代》，南京：南京大学出版社，2000年，第45页。

② 许轶冰：《米歇尔·马费索利和他的后现代性》，《江南大学学报》（人文社会科学版）2012年第11卷第2期，第47–48页。

③ 李和佳、高兆明：《社会批判理论的范式演进：从福柯、哈贝马斯到霍耐特》，《哲学研究》2008年第5期，第33页。

语权的精英都能在微博平台上发表言说，通过个体间相互评论和转发让信息传递，甚至影响舆论走向和决策制定。2010 年江西宜黄拆迁事件中，当事人钟如九 9 月 17 日通过微博报道拆迁事件的最新进展、家人情况，并向社会求助，引起网友关注形成舆论热点。在舆论压力下，政府机关介入调查，10 月 10 日相关责任人被罢免。

微博中身份的匿名性也让个体可以肆无忌惮地宣泄各种情绪。如占海特在微博上发起的争取异地高考权利的话题约辩，引起"支持异地高考"微博部落与"守沪者"微博部落双方成员的骂战：支持者称反对者为"自私的既得利益者"，"疯狗一样排挤外来人"；反对者称外来人员为"蝗虫"，并要其"滚出上海"，"上海抵制侵略"。双方对事情的约辩演化成了相互的谩骂和人身攻击。

（三）部落存在的脆弱性

后现代部落的部落成员是不确定的和随时变化的。他们散布在社会每一个地方，部落的界限是模糊的，部落是一种基于情感活动的聚集，是一个情感交流的开放系统。部落中不稳定的、多重的和分散的主体由一种共享的价值观"重新捆绑"在一起。"这种新部落仅仅导致一种支离破碎的生活，它们在极短的时间内生成，但是接着每天都面临着消失的危险，伴随着使其在一定时间里能保持固有外形的自我奉献精神消失的危险。"[1] 由共享的情感、符号构建起来的部落通过个人选择的联合力量得以维持。这种维系的力量是相当脆弱的，当部落中成员情感发生改变或者转移，或者成员之间对于部落的认识发生冲突都可能导致部落的分崩离析。

没有统治者的部落意味着权力斗争的无休止性，一切都在权力斗争当中生长、灭亡，再生长、再灭亡，和平只是斗争的派生物。因此，权力总是许多具体个体间一种暂时的和不断重复的冲突形式。[2] 这种斗争导致部落是一个"不得不年年、日日、时时被建构的共同体，这样的共同体长期处于焦躁中"[3]。

虚拟的网络空间上，法律支持的社会化力量和传统媒体推送的缺席也会导

---

[1]　［英］齐格蒙特·鲍曼著，张成岗译：《后现代伦理学》，南京：江苏人民出版社，2003 年，第 276 页。

[2]　HONNETH A. The critique of power：reflective stages in a critical social theory. The MIT Press，1991：156.

[3]　［英］齐格蒙特·鲍曼著，张成岗译：《后现代伦理学》，南京：江苏人民出版社，2003 年，第 275 页。

致部落的分崩离析。后现代化呈现的其自身身份与陌生人的疏离感让部落情感在"狂欢时刻浮在表面的东西瞬间断裂"①。这种脆弱的维系使部落不可能依靠自身力量完成令人畏惧的任务。没有其他传播方式和具有可信性的资源参与，缺少将信息复制、传送到具有维持宏大尺度的人群的力量，也决定了部落存在的短暂性。个体注意力总是被层出不穷的新热点吸引，导致微博部落的民意如一盘散沙。这也是微博部落呈现出"重过程轻目的、重活动本身而轻构架体系"这一后现代特性的原因。

三、微博部落的伦理反思

（一）整合规范伦理与德性伦理

规范伦理是依凭规范的伦理，是以原则、准则、制度等规范形式为行为向导并视其为道德价值之根源的伦理，也是上文所提及的外部伦理监督。德性伦理，是以个体的德性为自因的伦理，是将外在的伦理要求内化为个体自身的道德品性、道德素质的过程。

规范伦理要先于德性伦理。以诉诸制度的规范伦理有效地抑制不道德行为的发生，为德行的生成提供坚实的基础。规范所具有的明晰性和可操作性，使得个体能够清楚地认识到应该做什么和怎样去做。个体的德性，是在个体社会化的过程中通过学习、适应社会生活的各种规范而逐渐形成的。以规范伦理作为监督和指引，才能生成德性伦理。只有到达德性伦理的层次才能实现道德的真正价值——自觉和自律。

在微博部落中，个体的匿名性、虚拟性容易导致德性向自我中心衍化，即形成"道德自我"的极端——失序、混乱。个体可以随意地在微博上发表见解，甚至放纵自己的行为，任意辱骂、攻击他人，编造谎言，传播流言蜚语。

微博部落需要强有力的公约形成规范伦理，个体需要遵守微博的公约，并受到相同的道德规范的影响，于是在一定程度上，受这些共同影响而养成的个体的德性间就具有某种相似性。这种相似性能避免德性的过分主观化而产生德性之间的矛盾性。这样，以规范伦理为基础的德性伦理，既表现出道德的普遍

① ［英］齐格蒙特・鲍曼著，张成岗译：《后现代伦理学》，南京：江苏人民出版社，2003 年，第 279 页。

性、共性、客观性，又凸显出个体道德的主体性、个性、独特性。整合规范伦理与德性伦理能建构微博部落间的交往规则，形成"和而不同"的网络交往环境。

（二）充分发挥传统媒体作用

微博的信息传播迅速、交互性强，能快速爆出新鲜、引人关注的热点。但其碎片化的内容不能呈现事物的全貌及深度，其情感的易逝性也导致部落存在的脆弱性。传统媒体面对广泛的受众，通过议程设置将部落内共享的情感推送到部落外的人群。此外，传统媒体对事件的尝试挖掘及评论能为部落的情感推送奠定伦理底线。正如瑞士思想家汉斯·昆的全球伦理的理论所说，"在关系到某些价值、规范以及行为时，如果没有一种最起码的基本意见一致，那么，不论是在一种小一些的还是在一种大一些的团体中，符合人类尊严的共同生活则是不可能的"[①]。

于建嵘发起的"随手拍解救乞讨儿童"活动，由于传统媒体的参与报道、实时跟踪、深入挖掘，活动广为人知。活动进入公众视野并形成议题，导致政府相关政策的制定与执行。传统媒体对微博部落成员的报道也消解了个体的虚拟性，消融了部落中个体间的疏离感。传统媒体的报道也使微博部落情感获得更多人的共鸣，并且使民间公益群体参与其中，使微博部落从线上的虚拟组织落实到线下的公益组织。于建嵘发起的"随手"系列公益活动由微博部落兴起，落地整合成为"随手公益基金"，成为中国社会福利基金会管理下的公募基金。

由历史和现实的体制、职业理念所赋予传统媒体的权威性让其具有更高的公信力。即使在网络新闻日益发达的当代，推特、微博等社交媒体中发布的新闻还只是传统主流新闻媒介报道的一个补充和延伸。传统媒体要保持对微博信息的敏感度，及时跟进相关报道，并发挥舆论引导作用。传统媒体的及时跟进报道能减少流言的滋生，避免微博部落中的不实信息及过激情绪造成不良社会影响。

（本节作者：周文娟、杨先顺。原文发表于《新闻界》2014年第23期，有改动）

[①]　［瑞士］汉斯·昆著，周艺译：《世界伦理构想》，北京：生活·读书·新知三联书店，2002年，第36页。

第四节 网络传播主体后现代伦理
行为动机及其感知风险研究

传统的伦理学是一种人类中心论的伦理，而在网络传播的情境下，传统伦理面临后现代伦理的颠覆——虚拟性、碎片化、多元的规范使道德被审美的快感取代，成为"无伦理根基的道德"①。这种状况导致网络传播中的各种失范行为，如网络暴力、网络恶搞等。

如果能了解网络传播主体后现代伦理行为动机和感知风险，那么将为控制和减少网络失范行为提供方向。因此本节以网络中的传播主体行为作为研究对象，通过深度访谈、观察法等与被研究者互动的方式，收集、分析典型个案，对其动机和行为建构解释性理解。这些典型的后现代伦理行为只有与个人经历的具体"故事情境"结合才会获得意义。通过被访者的"故事"，可以了解其后现代伦理行为的动机、决策过程，并根据事实和个案来深入分析和探讨行为实施过程中的问题。

一、网络传播后现代伦理文献综述

（一）后现代伦理含义

后现代伦理与后现代主义密切相关。美国后现代理论大师詹姆逊把后现代主义归纳为"主体充分零散化、解体"，"历史意识的消失"，"深度模式的消失"，"真实感消失"，"与（另一现实的）距离感消失"，等等。② 在后现代的世界里，权威或者确定的普遍规则让位于多元，选择权重新回到个体手中。后现代伦理是一种鼓励异调与杂音、追求相对与变幻、强调当下体验与情绪解放

---

① ［英］齐格蒙特·鲍曼著，郁建兴、周俊、周莹译：《生活在碎片之中——论后现代道德》，上海：学林出版社，2002 年，第 10－11 页。
② ［美］杰姆逊著，唐小兵译：《后现代主义与文化理论》，北京：北京大学出版社，1996 年，第 170、179、181、190 页。

的游戏化和审美化的道德。①

在后现代主义情境下，鲍曼提出了"后现代伦理危机"——"我们生活在一个碎片化和充满模糊性的时代，我们比以往任何时代都更迫切地需要道德知识，需要一个权威的道德原则来指导我们的生活，讽刺的是，我们不知道从哪里去获得道德知识，并且当道德知识被提供给我们时，我们也几乎不能确定我们是否可以坚定不移地相信它们"②。

福柯的权力观，德里达的解构主义、在场观念和哈贝马斯的公共领域观等都为后现代伦理危机的研究提供了思路。许多学者遵循他们的路径从语言和文本分析的角度进行研究，取得了一批成果。但语言和文本分析路径不能挖掘人的行为背后隐藏的不同动机及其与社会问题的相应关系。因此，社会学的专著很少引入语言和文本分析工具，仅罗宾斯等在《当代人类行为理论》中简要提及了福柯和德里达的理论。③

（二）网络传播后现代伦理特征

秦志希等认为，互联网所表现的后现代特征，集中表现在对现代文化的消解、颠覆上，比如对技术中心的消解、对传统传播权力的消解、对现代语言及文本规范的颠覆。④ 网络传播的特征完全符合后现代主义情境的特性。拉什（S. Lash）认为后现代主义的基本结构特征是"消解分化"⑤，这与网络传播所呈现出来的特征高度一致。由网络技术衍生的传播文化进而导致传统社会价值体系的重构，使社会文化在多层面呈现出多元、去中心、非理性、价值颠覆等典型的后现代文化特征。⑥

此外，有些学者关注网络传播的特有属性，它们可以用来解析网络传播主

---

① 万俊人：《现代性的伦理话语》，《社会科学战线》2002 年第 1 期，第 50 - 64 页。

② ［英］齐格蒙特·鲍曼著，张成岗译：《后现代伦理》，南京：江苏人民出版社，2003年，第 20 - 22 页。

③ ROBBINS S P, CHATTERJEE P, CANDA E R. Contemporary human behavior theory. Pearson Allyn and Bacon, 2010：367.

④ 秦志希、葛丰、吴洪霞：《网络传播的"后现代"特性》，《武汉大学学报》（人文科学版）2002 年第 6 期，第 760 - 766 页。

⑤ ［美］拉什著，高飞乐、张启新译：《后现代主义：一种社会学的阐释》，《国外社会科学文摘》2000 年第 1 期，第 28 - 34 页。

⑥ 俞超：《技术暴力与社会重构——网络传播的后现代文化伦理》，《当代传播》2011 年第 1 期，第 35 - 36 页。

体的后现代伦理特征。Mesch 认为匿名性会导致网络行为主体身份不可识别，造成网络主体间信任危机。① Hayne 和 Rice 对匿名性作出了解释，将网络传播主体匿名性概括为技术匿名性和社会匿名性。② 对网络传播主体后现代伦理造成影响的因素还有网络传播的弱控制性和无限扩散性。③ 网络传播过程与传统媒介的传播相比话语权力高度分散，控制性弱。随着网络传播的扩散，传播范围也呈级数增长，而不同时空地域的网络传播主体也聚集成为有相同喜好的若干虚拟社区。

作为本节的前期研究成果，本章第二节论述了网络传播的后现代伦理特征：网络道德主体的虚拟化、道德中心的离散和道德权威的消解、道德界限的模糊以及道德行为的非理性化。④ 这些导致网络传播主体出现大量道德失范行为。

（三）网络传播主体后现代伦理行为的研究界定

《中国百科大辞典》给伦理行为的定义是道德行为。Velasquez 和 Rostankowski 认为，受自由意志支配，给他人带来幸福或伤害的行为是伦理行为。⑤ 动机是行为发生的直接原因，感知风险则对是否发生行为产生影响。网络传播主体的动机非常多元，如 Oreg 和 Nov 指出传播者在不同网络传播项目中表现出不同动机，软件等传播项目中主导动机是自我发展动机和获得声誉动机，内容等传播项目中主导动机是互惠利他动机。⑥ Yee 用因子分析的方法通过实证研究得出驱动人们参与网络虚拟社区的五个因素，它们是关系、沉溺、悲伤、

---

① MESCH G S. Is online trust and trust in social institutions associated with online disclosure of identifiable information online?. Computers in human behavior, 2012, 28 (4)：1471 – 1477.

② HAYNE S C, RICE R E. Attribution accuracy when using anonymity in group support systems. International journal of human-computer studies, 1997, 47 (3)：429 –452.

③ CHRISTOPHERSON K M. The positive and negative implications of anonymity in Internet social interactions："On the Internet, nobody knows you're a dog". Computers in human behavior, 2007, 23 (6)：3038 –3056.

④ 杨先顺、邱湘敏：《网络传播的后现代伦理审思》，《现代传播（中国传媒大学学报）》2010 年第 3 期，第 22 –26 页。

⑤ VELASQUEZ M G, ROSTANKOWSKI C. Ethics：theory and practice. Englewood Cliffs, NJ：Prentice-hall, 1985：421.

⑥ OREG S, NOV O. Exploring motivations for contributing to open source initiatives：the roles of contribution context and personal values. Computers in human behavior, 2008, 24 (5)：2055 –2073.

成就、领导。① 感知风险方面，Dubinsky 和 Ingram 认为个人内在、人际关系、组织和环境四个方面等起着重要作用。②

　　中国网络传播主体后现代伦理行为及其感知风险根植于中国的现实社会环境，不宜将国外的相关研究结论直接移植到中国的问题情境中。本节将在前期理论基础上，通过质性的研究探测网络传播主体的后现代伦理行为的动机和其感知风险，并将其动机和感知风险置入网络后现代伦理的情境中解读。正如鲍曼所说，后现代伦理必须建立在一种联系后现代生活及其策略的背景研究之上，其问题的根源在于社会情境的破碎化和生活追求的插曲化。③

　　本节通过对网络传播后现代伦理的相关文献进行分类汇总，将网络传播后现代伦理行为特征、表现等归入4个方面（见表6-1）。表6-1作为访谈前的介绍性资料，确保受访者能清楚理解网络传播后现代伦理行为，并能举出自己经历过的网络传播后现代伦理行为。本研究作为探索性研究，观察单位是有过网络传播后现代伦理行为的个体，分析单位为深度访谈中搜集的网络后现代伦理情境中的关键事件。

表6-1　网络传播后现代伦理行为特征、表现及举例

特征	表现	举例
道德主体的虚拟化	1. 技术匿名，网络中移除所有与身份相关的信息 2. 社会匿名，缺乏相关线索而无法将一个身份与某个特定的个体相对应	1. 主体匿名后能自由地设定自己的角色，行为不受约束 2. 黑客现象：散布木马病毒，攻击网站，偷窃信息
道德中心的离散和权威的消解	1. 网络传播话语权力高度分散，控制性弱，网络构建的无中心状态社会中，没有统一的主义和绝对的权威 2. 网络的无限扩散性，网络的多元化话语特征明显	1. 低俗信息泛滥。审丑、"芙蓉姐姐""木子美"等的走红 2. 价值观多元化，变节英雄也能获取同情、支持甚至欣赏

----

① YEE N. Facets：5 motivation factors for why people play MMORPG's. Terra Incognita，2002，1：1708－1723.

② DUBINSKY A J, INGRAM T N. Correlates of salespeople's ethical conflict：an exploratory investigation. Journal of business ethics，1984，3（4）：343－353.

③ ［英］齐格蒙特·鲍曼著，郁建兴、周俊、周莹译：《生活在碎片之中——论后现代道德》，上海：学林出版社，2002年，第10页。

（续上表）

特征	表现	举例
道德界限的模糊	1. 网民在网络中可以自由复制与再复制，甚至任意重组发布新的信息 2. 复制性和信息可传播性使得传统文化的形态被改变或者扭曲，网络道德模糊并且难以确定	1. 网络恶搞。比如网络恶搞图，比如恶搞"雪姨"，"杜甫很忙"等 2. 网络粗俗流行语
道德行为的非理性化	1. 群体极化，使用网络审判 2. 网民随性表达想法	1. 网络暴力，人肉搜索 2. 说话放肆，望标题就骂，开口就骂

二、研究设计

（一）研究方法

本研究通过搜集网络传播后现代伦理关键事件来探寻：网络传播后现代伦理行为类别，其发生的情境，网络传播主体后现代伦理行为动机和感知风险。

本研究采用关键事件法，在 QSR Nvivo 8 软件帮助下运用扎根理论对搜集到的数据进行逐级编码。关键事件法是通过搜集故事或关键事件，根据内容分析并进行分类的一种研究方法。[①] 这个故事或关键事件具有完整性：它发生在一定的情景之下，行动主体具有相关的动机和行为。通过对关键事件的窥探，有效发掘受访者的行为动机，将所有事件构成的行为按不同主题分类，统计分析后，得出对于事件的影响因素，从而为事件的分析解读提供决策依据。

本研究通过关键事件法发掘被调查者的情感与动机，并根据调查得来的关键事件深入分析及探讨网络传播后现代伦理的影响。该方法作为一种质性研究方法，在人力资源管理、教育、心理学等众多领域已有广泛运用。对于前期研究较少，没有充分描述、解释的领域[②]，关键事件法能作为探索性的研究，为后续研究提供方向和基础。

---

① 石景：《CIT——测定服务质量的有效工具》，《商业研究》1999 年第 11 期，第 106 - 107 页。

② GREMLER D D. The critical incident technique in service research. Journal of service research, 2004, 7（1）: 65 - 89.

（二）问卷设计思路和资料的收集

半结构式问卷围绕网络传播后现代伦理行为的因素展开。为防止访谈中出现受访者对网络传播后现代伦理行为内涵模糊不清的问题，我们在访谈之前首先向其介绍网络传播后现代伦理的概念及属性；其次，给受访者介绍网络传播后现代伦理行为特征、表现及举例；再次，请受访者在举例中挑选出自己曾经实施过的行为；最后，在受访者所列出的事件中，选择出关键事件进行深度访谈，访谈时，受访者对自己的行为进行伦理说明。

该关键事件必须符合以下4个标准：一是，该事件涉及传播者在网络上的匿名传播；二是，该事件表达了后现代伦理行为，涉及道德感情；三是，该事件有开端、发展、结局，构成一个完整的情节；四是，访谈过程中，受访者对该事件描述前后逻辑统一，内容翔实可靠。

问卷设计采用半结构式问卷，先解释网络传播的后现代伦理行为，然后要求被调查者根据网络经历的后现代伦理事件来回答：

1. 请您回忆一下，最近一年您在网络的传播中，相关行为发生的时间、地点和情境？

2. 在那种情境下，您的所作所为？

3. 您当时采取这个行为的原因？

4. 采取这个行为前，您考虑过哪些方面的因素？

本研究于2013年6月至8月间对受访者进行了半结构式问卷的深度访谈。本研究挑选网龄在5年以上的网民作为受访者。为了提高样本的代表性，本研究一共选择了40个样本（男女各占一半），并尽量使样本的职业和年龄等保持多样化。访谈人员分别在上海、广东、安徽、福建、湖南等地，通过亲戚、朋友等熟人推荐的方式收集资料。在谈及实施网络后现代伦理行为时，由熟人推荐的受访者能放松防备心态，坦诚地与访谈员进行沟通。

按照清晰的访谈提纲，访员将收集的录音资料转换为文字资料录入 QSR Nvivo 8 软件中。为了控制信度，访谈资料由两位编码员分别编码，编码结束后核对结果。对于不一致的情况，再次回到录音原文件讨论决定。

三、研究发现

通过 QSR Nvivo 8 软件分析，本研究发现网络传播后现代伦理行为的事件可分为三大类：首先，网络用语、图片及视频，表现为传播主体传播网络流行语、恶搞图片和恶搞视频，如"杜甫很忙"，恶搞"雪姨"等都是这类型的代表；其次，网络暴力，表现为网络传播主体对他人进行侮辱、人肉搜索、网络审判等，如访谈资料中有受访者曾经在网络上侮辱、攻击与自己意见不同的人；最后，网络谣言，表现为网络传播主体传播缺乏事实根据或未经证实，公众一时难以辨别真伪的闲话、传闻或舆论，如访谈资料中，受访者谈到的为打击其他竞争对手产品发布不实的信息。

以上三个类别的网络传播后现代伦理行为的关键事件中，网络传播主体的伦理行为动机及感知风险的重点都有区别。

（一）网络传播主体后现代伦理行为动机

访谈的事件资料中，网络传播主体后现代伦理动机可归结为 9 种：①认同：从属于一个朋友圈，获得友谊和社会支持；②解压：有意地忘却烦恼，释放、排解压力；③性：利用网络提供的私人空间释放性压抑；④休闲与自由：放松，无明确目标；⑤宣泄：与解压不同，采用了攻击或贬低的方式，表达不满，发泄感情；⑥获取信息：获取或分享信息；⑦宣扬正义：以道德的立场，对认为违背道德的人、事进行批判；⑧领导：满足控制和影响他人想法或行为的权力需求；⑨现实利益：获得各种现实利益，如金钱或其他利益。

在不同事件类别中伦理行为动机有区别。三类网络传播后现代伦理行为的事件中，用来表达动机的词汇的情感力度在网络用语、图片及视频类别中最弱，多为休闲与自由、解压；网络谣言类别中动机词汇的情感力度强于网络用语、图片及视频类别，多为宣泄；网络暴力类别中动机词汇的情感力度最强，多为宣泄和宣扬正义。

网络用语、图片及视频类别中，受访者传播的动机分别为认同、休闲与自由、解压、性。传播者通过使用网络流行语，制作传播图片及视频，在虚拟网络社区中制造共同的话题，寻找认同感，满足自己社交的需要。有趣的甚至恶搞的传播内容是传播主体休闲、娱乐、消磨时间的方式，同时也给在现实社会中承受各种压力的主体提供了舒缓压力、忘却烦恼的机会。此外，现实中因道德约束、外部控制等形成的性压抑，在信息较开放的网络匿名平台中也得到释放。

　　网络暴力类别中，受访者传播动机分别为宣泄、宣扬正义、认同及获取信息。传播者通过对他人进行侮辱、人肉搜索、网络审判等，宣泄自己对现实的不满，发泄感情；也有以网络暴力手段，站在道德、正义的立场上对他人或事进行批判；在参与对他人的攻击中寻找到认同感，有受访者表示与他人一起谩骂和攻击某一对象时，"感觉有人是站在自己这边的，能有一种激烈的共鸣感"；也有传播者的动机是获取信息，"想知道事态怎么发展，想知道事件始末"。

　　网络谣言类别中，受访者传播动机分别为宣泄、现实利益、领导。传播者通过在网上发布缺乏事实根据或未经证实的闲话或舆论，宣泄自己对现实的不满，发泄感情；也有的为了获得现实利益，比如金钱或其他利益，如受访者所说的"冒充用户说竞争产品各种不好"；还有传播者的动机是为了获得网络地位和影响力，控制和影响他人，如访谈资料中所提及的"为了赚取关注度故意捏造事实"。

（二）网络传播主体后现代伦理行为感知风险

　　网络空间处在不安全感和不确定性的后现代情境中。这种不确定性导致"所有行为都会产生其自身无法准确预见的后果，而且其中部分后果很可能是令人不愉快的，所以从这个意义上讲，其行为涉及风险"[1]。传播主体对伦理行为风险感知越高，传播主体实施网络传播后现代伦理行为的可能性就越低。

　　整理访谈资料一共得出 7 方面的感知风险。①传播主体网络技术知识水平。有较高的网络技术知识水平的人认为网络传播行为不存在真正意义的匿名，有受访者表示"网络上任何操作都是留下痕迹的，没有真正的网络匿名，不管是用技术还是什么其他途径。像那种在网络上随意散布消息以为自己不会被知道的人其实是非常傻的"。②传播主体相关法律政策知识水平。如一受访者表示"如果是侮辱诽谤的话，这边是属于自诉类案件。可以直接到法院进行起诉，后

---

　　① BAUER R A. Consumer behavior as risk taking. Dynamic marketing for a changing world, 1960：398.

续公安机关也会进行调查，再追究他的责任"。③社会风险。指传播行为不被其他网络社区成员接受或认同的可能性。④同理心。指行为实施者与受行为影响者之间的社会、文化、心理或生理亲近程度，即"感同身受的程度"。⑤结果的涉及面。指受行为影响的人的范围。⑥结果的可能性。指其行为带来的危害和利益实际出现的可能性。⑦后果的大小。指行为所产生的危害和利益的总和。

将不同类别事件中提及的感知风险占比进行比较，发现不同类别的网络传播后现代伦理行为中，传播主体付诸行动前所考虑的风险各有侧重。

网络用语、图片及视频类别中，感知风险由高至低分别为社会风险（41.9%）、结果的可能性（19.5%）、同理心（16.1%）、后果的大小（16.1%）、传播主体网络技术知识水平（3.2%）、传播主体相关法律政策知识水平（3.2%）；网络暴力类别中，感知风险由高至低分别为后果的大小（34.0%）、结果的可能性（23.4%）、传播主体相关法律政策知识水平（12.8%）、传播主体网络技术知识水平（8.5%）、社会风险（8.5%）、同理心（6.4%）、结果的涉及面（6.4%）；网络谣言类别中，感知风险由高至低分别为结果的可能性（29.2%）、后果的大小（25.0%）、传播主体相关法律政策知识水平（25.0%）、传播主体网络技术知识水平（16.6%）、结果的涉及面（4.2%）。

四、结论与讨论

上述研究发现揭示出不同类别的网络后现代伦理行为动机和感知风险存在区别。这些区别需要再次放入网络传播的后现代伦理情境中解读。

（一）不同类别网络传播后现代伦理行为动机的解读

1. 网络用语、图片及视频类别：后现代部落和后现代游戏说

网络用语、图片及视频类别中，传播者后现代伦理行为的主要动机为认同、休闲与自由、解压、性。在网络后现代伦理情境中，人的活动表现为其思维在网络上的自由书写，这种呈现方式是以身体的缺席、不在场来实现的，割裂了现代社会空间中词与物的意义明晰的对应。自我都不是以"本我"的真面目示人，而是以"角色"出现，"责任依赖于角色，而不依赖于完成任务的人"，我们所扮演的角色是如此之多、如此易变，以至于没有一种角色可以抓住真正的

"我"的本质。①

　　自我在网络空间游走寻找共同的情感，以共享的价值观联系起来，形成部落。部落是个隐喻，是指因相同的情感集聚起来的族群及其联系。马费索利最早提出后现代文化中的"部落"概念，正如他所说的"我们只有与一个群体联系起来，才会具有价值。很明显，这种联系是真实的，或是臆想的，并不重要"②。网络传播主体通过融入网络部落找到内心的平衡，并获得价值感，以此缓解现代社会人际关系的疏离感，排遣现实生活带来的压力。

　　在后现代社会中，休闲的价值获得重视，人们更加倾向于通过闲暇活动来获得自我肯定和精神生活的满足。网络用语、图片及视频的传播通过平民化、戏仿和拼接的方式，达到游戏和狂欢的作用。

　　2. 网络暴力：哈贝马斯"公共空间"乌托邦化

　　网络平台提供的开放、多元、互动的表达空间，成为许多学者心中哈贝马斯理想的"公共空间"模式的表征，很多领域的专家学者因此公开预言一个政治传播新纪元的来临。③

　　网络传播主体后现代伦理行为类别中的网络暴力打破了关于"公共空间"的美好想象。朱清河等探讨了网络的非理性讨论、网络暴民的存在，表示"与其说博客搭建了一个交流讨论的公共平台，毋宁说它为个人提供了一个情感宣泄的狂欢广场"，指出网络是一种"半公共领域"形态，其现实境况与理性公共领域之诉求"相去甚远"④。这里所提及的与本研究的发现一致，宣泄是网络暴力类别的首要动机。理性探讨和道德追求被个人情感释放的快感取代。

　　网络暴力动机中的宣扬正义也不是为了重建理性和规则，而是通过暴力式的人肉搜索大量曝光他人的隐私，正如朱大可描述"他们以无名氏的方式，躲藏在黑暗的数码丛林里，高举话语暴力的武器，狙击那些被设定为有罪的道德

---

①　ROBBINS S P, CHATTERJEE P, CANDA E R. Contemporary human behavior theory. Pearson Allyn and Bacon, 2010: 367.

②　MAFFESOLI M. Le temps des tribus: le déclin de l'individualisme dans les sociétés de masse. Librairie des Méridiens, 1988: 123.

③　HAGUE B N, LOADER B D. Digital democracy: Discourse and decision making in the information age. Routledge, 1999: 247.

④　朱清河、刘娜：《"公共领域"的网络视景及其适用性》，《现代传播（中国传媒大学学报)》2010 年第 9 期，第 105 – 109 页。

猎物"①。一些网民成为高举道德旗帜的审判官，以"理"杀人，不需要冒风险就可以满足自己的操控感。

网民使用攻击性或出格描述的言语刺激其他参与者，以激烈的方式寻找群体间的认同。在聚集了大量同类，可以自由展示自己的观点的平台上，更容易导致虚拟社区的群体极化，比如联合攻击、侮辱某一对象等。同时另一大部分人充当了起哄的"看客"角色，让某一事件以高阅读量成为热帖，满足自己的窥私欲。

3. 网络谣言：后现代伦理行为与现实社会的相互映照

在网络匿名状态下，道德主体虚拟化导致责任感的遗落，主体敢于做实名主体不敢做的事情，比如生产谣言。主体可以在发布信息过程中大胆篡改事实和加入自己的利益、意志。尤其在当前这个社会转型时期，当主体在现实生活中面对诸多压力，感到自己的利益得不到足够保障时，谣言往往应运而生。网络谣言中的内容及指向与现实生活中的矛盾冲突相互映照，想要宣泄的心理状态促使一些网民使用网络谣言等传播形式，来表达自身的某种怨恨心理。特别是社会变革的受冲击者，多少都会利用机会进行反抗，传播和制造谣言是反抗的手段之一。②

现实利益的动机也是网络谣言滋生的重要原因。传播主体通过网络匿名平台，恶意散布捏造的事件来达成自己在现实社会中经济、职位或名誉上的获利。也有受访者表示通过网络谣言获取大量的关注度，可以对他人形成影响力和控制力。在网络虚拟空间内权力的获得让其有巨大的成就感。

网络谣言这一类别的后现代伦理行为，匿名性只是其实施的条件，其能迅速传播的根源在于谣言背后的深层社会问题。惩罚恶意传播谣言者是必要的，通过法律规定澄清道德主体的虚拟性，促进主体责任意识的回归也是有力遏制谣言的方式。但是防止谣言的最好办法是解决谣言背后的深层社会问题，化解社会转型大背景下群众的担忧，缓解民怨。

---

① 朱大可：《铜须，红高粱和道德民兵》，《东方早报》，2006年6月8日，转引自程英姿：《从"人肉搜索"到"网络暴力"的"反道德"倾向——一个圣经的视角》，《西南大学学报》（社会科学版）2011年第4期，第105–109页。
② 李若建：《社会变迁的折射：20世纪50年代的"毛人水怪"谣言初探》，《社会学研究》2005年第5期，第182–201页。

（二）网络传播后现代伦理行为感知风险：不同约束的效力

上述 7 个方面的感知风险可分为三个方面：一是传播主体自身知识水平，分为网络技术知识水平、相关法律政策知识水平；二是社会软性约束，指传播主体实施伦理行为时从他人角度考虑，分为社会风险、同理心、结果的涉及面；三是社会硬性约束，是传播主体实施伦理行为时从自身受影响的角度考虑，分为结果的可能性、后果的大小。

网络用语、图片及视频类别中，感知风险中社会软性约束占据 77.5%，这与其伦理行为动机相关联。在这一类别的后现代伦理行为中，传播主体倾向于寻找认同，通过沟通、交流产生情感，重新嵌入到一个部落之中。其他的行为也是通过后现代游戏方式进行休闲、解压。主体实施这些后现代伦理行为时，出发点无恶意，只是为他人提供娱乐性的素材，在乎的是他人的认同。

网络暴力类别中，感知风险的社会硬性约束占据 57.4%，传播主体自身知识维度占据 21.3%，社会软性约束占据 21.3%。在这一类别中，传播主体会衡量伦理行为所带来的危害和利益。如上文所述，当传播主体不需要冒风险就可以通过攻击他人宣泄情绪、满足自己的操控感时，在这种群体非理性的状态下，责任开始分散，群体极化更容易形成。

网络谣言类别中，感知风险的社会硬性约束占据 54.2%，传播主体自身知识维度占据 41.6%，社会软性约束占据 4.2%。这一类别中社会软性约束占比最低，与此相关的是在网络谣言类别中不存在"认同"这一动机。

在访谈过程中发现，传播主体在实施网络暴力和网络谣言这类后现代伦理行为时，会考虑结果的可能性及后果的大小，但他们同时也表示"网上行为的后果不像在现实生活中类似行为带来的后果出现得那么确定或迅速"。后现代伦理呈现"兑现的延迟"，报应未必会在自己身上应验，而且即使在未来也是不确定的，所以传播主体更满足于眼前的"喜悦"。这就为网络道德的建构与完善带来了较大的难度。

五、未来研究方向

本研究访谈的时间是 2013 年 6 月至 8 月，在此调查结束后，我国相继颁布了相关法律来遏制网络暴力、网络谣言等行为。在传播主体的感知风险下，和传播者相关的法律政策知识开始通过各大媒体普及，网络"虚拟实在"的本体论地位被澄清，确立了道德的实在性。同时，传播主体对于结果的可能性和后果的大小的认知也得到了提升。这两项感知风险的提升对于网络暴力、网络谣言类别的后现代伦理行为的约束力度，能在以后的网络行为中得以体现。

本研究作为探索性研究，对网络传播后现代伦理行为及其感知风险进行了定性研究。未来应该在此基础上通过实证分析，采用量化数据分析来验证动机、感知风险之间的关系强度，以弥补定性数据的分析不足。

（本节作者：杨先顺、周文娟、曹姝丹。原文发表于《现代传播》2015 年第 1 期）

暨南文库·新闻传播学
第一辑书目

触摸传媒脉搏：2008—2018 年传媒事件透视　　　　　　　范以锦著

传媒现象思考　　　　　　　　　　　　　　　　　　　　范以锦著

泛内容变现：未来传媒商业模式探研　　　　范以锦、刘芳儒、聂浩著

简约图像的文化张力：对中国漫画的观察与思考　　　　　甘险峰著

媒介文化论　　　　　　　　　　　　　　　　　　　　　曾一果著

报刊史的底色：近代中国新闻界与社会　　　　　　　　　赵建国著

变革与创新——中国报业转型的市场逻辑　　　　　　　　张晋升著

话语·叙事·伦理：当代广告与网络传播的审思和批判　　杨先顺等著

生态与修辞：符号意义论　　　　　　　　　　　　　彭佳、汤黎著

形态·生态·业态：中国广播创新发展的多维审视　　　　　申启武著

再访传统：中国文化传播理论与实践　　　　　　　　晏青、杨威著

道可道：新闻传播理论与实务研究　　　　　　　　　　　谭天著

道可道：新媒体理论与实务研究　　　　　　　　　　　　谭天著

流行文化研究：方法与个案　　　　　　　　　　　　　张潇潇著

媒介平台与传播效果：实证研究取向　　　　　　　　　陈致中编著

亲和性假说：区域人格影响健康的大数据分析　　　　赖凯声、陈浩著

融媒时代的播音主持艺术研究：现状与趋势　　　　　　　林小榆著

新媒体技术标准的形成与扩散   刘倩著

日本流行文化中的中国经典巨著：《三国志》与《三国演义》 陈曦子著

华语影视字幕文化研究：从"间幕"到"弹幕"   王楠著

社交媒体时代口语传播的交互性研究   王媛著

数字时代的场景传播   朱磊等著